工商管理专业综合案例分析

彭汉香 编著

立信会计出版社
LIXIN ACCOUNTING PUBLISHING HOUSE

图书在版编目(CIP)数据

工商管理专业综合案例分析/彭汉香编著. —上海：立信会计出版社，2015.12(2023.7 重印)
ISBN 978-7-5429-4894-6

Ⅰ. ①工… Ⅱ. ①彭… Ⅲ. ①工商行政管理—案例
Ⅳ. ①F203.9

中国版本图书馆 CIP 数据核字(2016)第 012620 号

责任编辑　方士华

工商管理专业综合案例分析
GONGSHANG GUANLI ZHUANYE ZONGHE ANLI FENXI

出版发行　立信会计出版社
地　　址　上海市中山西路 2230 号　　邮政编码　200235
电　　话　(021)64411389　　传　　真　(021)64411325
网　　址　www.lixinaph.com　　电子邮箱　lixinaph2019@126.com
网上书店　http://lixin.jd.com　　http://lxkjcbs.tmall.com
经　　销　各地新华书店

印　　刷　上海万卷印刷股份有限公司
开　　本　710 毫米×960 毫米　1/16
印　　张　12.75
字　　数　217 千字
版　　次　2015 年 12 月第 1 版
印　　次　2023 年 7 月第 3 次
书　　号　ISBN 978-7-5429-4894-6/F
定　　价　25.00 元

前　　言

工商管理专业综合案例分析是工商管理诸专业的重要课程，极具实务性和实践性，是将工商管理理论知识与实务结合的一个重要途径。本书旨在提高工商管理诸专业学生的实际管理水平和实战能力，整合所学理论知识，进而正确观察真实事物之间的相互关系，使读者通过本课程的学习提高分析、评价、解决问题的实战能力，拓展观察问题的思路，掌握解决问题的方法和技巧。

本书专门为经济类和工商管理类学生设计和编写，同时为讲授工商管理类案例分析的教师提供适用的操作性教学内容。本书精选国内最新最具代表性的实务管理案例，注重长短案例的结合、经典案例与现实案例的结合、不同层次不同领域不同视角的相关专业案例的结合。本书同时配备和设置相应的学习路径、分析导引和问题讨论等。

本书编著者多年来参阅了相当数量的学术文献和网站专业资源，在综合不同层次、多版本相关教材的基础上，结合自身多年的教学实践完成了本书的编著。本书可作为经济类和工商管理类专业相关课程的教材，也可供其他相关专业和社会组织人员学习使用。同时，对高校相关专业的大学生、研究生、MBA和EMBA等学习者均具重要的参阅价值。

在此，对相关参考引用源表示诚挚的谢意，对立信会计出版社的大力支持表示诚挚的谢意，对清华大学仝允桓教授、武汉大学谭力文教授等的专业帮助表示诚挚的谢意，也特别感谢上海立信会计学院相关部门和工作人员的支持。

作　　者

2015年12月

目　　录

公司治理篇

案例一

本是同根生，相煎何太急

——三一重工与中联重科的江湖恩怨

案例正文

0 引言

寒冬中的湘江，冷风徐吹，硝烟弥漫。发生在湖南省会长沙同城兄弟三一重工（简称“三一”）和中联重科（简称“中联”）之间的争端，犹如一部悬念迭起的剧情大片，引得各界关注。随着戏码不断上演，双方纷争持续发酵。

三一与中联的同城恩怨由来已久，但真正引起外界关注则源于2012年11月21日三一集团董事长梁稳根在公司内部早餐会上突然宣布的一个决定——三一集团职能总部和各核心事业部将全部迁往北京昌平，长沙基地将仅保留泵送事业部。对此，外界充满好奇，这家在全球工程机械行业排名第五的领先企业，为何突然要从土生土长的湖南搬迁到北京。三一高层对外宣称是为了公司国际化需要，但这种简单的说辞显然无法打消公众的疑虑。11月29日，《环球企业家》在线刊发《三一恨别长沙，梁稳根的内心独白》一文，专访中梁稳根向外界首次讲述了发生在同城兄弟三一与中联之间的种种不堪往事，宣称不忍长时间遭遇不正当竞争和人身攻击，故“迁都”北京以“结束这一切”。这犹如一枚重磅炸弹，瞬间引发业界、学界、媒体甚至是湖南省政府的高度关注。该事件的另一个主角中联重科则宣称三一“迁都”乃是为博眼球的炒作之举，并称公司将提起法律诉讼，公司法务部已介入此事。

随着三一“迁都”事件的持续发酵，双方阵营你来我往，隔空交火。如此一来，两家同城工程机械巨头之间的江湖恩怨历历重现，大白于天下。

1　中国工程机械行业竞争环境

1.1　中国工程机械行业的发展历程

三一重工和中联重科等国内机械巨头的短期崛起得益于中国工程机械行业的快速发展。工程机械行业是国民经济发展的重要支柱产业之一。从2005—2011年工程机械行业工业总产值占GDP比重来看,工程机械行业对我国GDP的贡献呈递增的趋势。过去的十多年,被称为中国工程机械的“黄金时代”。经过十多年的增长,中国超越日本、美国等成为世界上最大的工程机械市场。2006年是工程机械的快速回转年,全年行业销售收入增长34%,同时总产值增幅也达到了38%的高水平。工程机械行业从2008年下半年开始急剧下滑,于2011年初降至低谷。2011年国家刺激内需政策的出台,以及装备制造业调整规划将工程机械行业提到了战略性的地位,并从财政补贴、银行贷款及招投标等方面出台了相应的扶持政策,才使工程机械行业能够从底部开始回升。

中国工程机械行业的飞速发展,也让中国成为国外企业全球拓展的战略重心,其中多数企业还在中国投资建立制造和研发基地,不断完善中国市场布局。全球工程机械制造商50强的39家国外企业中有37家已经进入中国,并构建了完善的业务体系。与此同时,我国工程机械业通过多年发展,走出了一条自主发展的道路,并逐渐发展壮大,在逐步占据国内市场份额的基础上,也以出色的性价比优势开始在国际市场上崭露头角,呈现出较好发展势头。2012年4月在法国巴黎主办的工程机械INTERMAT展上,来自中国的徐工、三一、中联等携明星产品惊艳登场,与世界工程机械巨头卡特彼勒、小松、特雷克斯、沃尔沃重工等一起同台竞技,在舞台中央尽情绽放“中国制造”的风采。

2010年,中国工程机械领域最大的企业——徐工集团营业收入超过660亿元人民币;中联重科达到了523亿元人民币;三一集团超过了500亿元人民币。在2011年度全球工程机械制造商50强中,徐工集团、中联重科、三一重工位居10强之列,中国工程机械制造业涌现出越来越多的具备世界级规模和竞争力的超大型企业。随着全球一体化趋势加剧,中国企业正在全世界范围积极谋求更大发展,中国工程机械行业“走出去战略”升级,中国工程机械企业不断融入世界,中国与世界工程机械产业之间的关系进入一个新的阶段。

1.2　工程机械“湘军”的强势崛起

湖南省在全国工程机械行业占有重要地位,目前已经成为全国最大的工程机械生产基地,仅长沙市就拥有规模主机企业30余家,各类型配套协作企业200余家,生产12个大类、100多个小类、400多个型号规格的工程机械产品。

其中，三一重工、中联重科、山河智能等湘军企业更是实现了成功上市，在我国工程机械行业拥有较高知名度，成为我国工程机械行业的代表性企业。这三家企业也成功入围国际权威媒体《国际建设》杂志发布的2012年度全球工程机械Yellow Table排行榜，其中三一重工排名第五，中联重科排名第七。

值得一提的是，三一重工成功打破外资品牌产品对于中国挖掘机市场的垄断，2011年三一挖掘机全年销量达20 614台，市场占有率为12.3%，占据中国挖掘机市场的头把交椅。三一在并购普茨迈斯特之后进一步巩固了其在全球混凝土机械的霸主地位，其他如掘进机、正面吊、堆高机、旋挖钻机、摊铺机等则保持了国内市场占有率第一的位置。中联重科的起重机产品也以绝对领先优势巩固了行业第一的市场地位，履带式起重机在2011年跃居行业第一，环卫机械继续遥遥领先竞争对手，汽车起重机械、路面及桩工机械继续保持行业领先地位。随着这些主要企业经营的继续完善，湖南省工程机械行业在全国工程机械行业的地位越来越重要。

在“黄金十年”里，无论是中国工程机械还是行业内的湘军在很大程度上都受惠于中国经济的高速发展。如今，随着宏观调控和市场收缩，中国工程机械行业面临市场的竞争压力陡然增大。

2 三一与中联之间的同城恩怨

在长沙市星沙经济开发区，坐落着三一集团总部，与之毗邻的则是另一巨头中联重科。这两家企业不仅同处长沙，且同为重型机械制造巨头，产品重合度比较高，尤其在混凝土和挖掘机的竞争中厮杀最激烈。数据显示，两家企业生产的混凝土机械设备产量总计约占中国整个混凝土机械行业的80%。当工程机械市场随着火热的建筑业一路飙升时，三一和中联各自忙着扩张，矛盾并不突出。甚至在一段时间内，两家企业的正常竞争极大地刺激了双方竞相储备人才、增大科研投入、改进技术、改善售后服务，两家公司一度从中受益。

近年来，经济大环境和行业格局都发生了改变，市场开始萎缩，两家企业短兵相接，竞争愈发激烈。在此背景下，双方不约而同地采取了激进的销售策略，通过降低成交条件，鼓励客户利用金融杠杆购买本方产品，甚至采用超越商业伦理和法律底线的暗战手段，争夺市场占有率，在做大自己的同时挤压对手的生存空间。其间，长沙城里的两大重工“里手”中联重科和三一重工之间的关系在经历一系列“短信门”“行贿门”“间谍门”等事件之后降至冰点。

2.1 风波缘起“短信门”

2012年9月28日，在中联重科创立20周年庆典上，独缺三一的身影。中联重科品牌部部长刘小平透露，公司请了三一高层人士，但最后没有来。在成立初期的10年时间内，两家公司的竞争仅限于基层销售员工之间。中联重科一位中层干部称，工程机械行业是开放程度很高的行业，在激烈的市场竞争环境下，员工之间难免会采取一些非常规手段。对此，中联重科董事长詹纯新也多次在内部表示，员工之间的竞争采取了一些手段是可以理解的，关键是看企业领导如何把控。

从2000年开始，中国的工程机械行业进入了黄金发展的10年。行业协会数据显示，在此10年间，中国工程机械工业年均增速超过25%，行业规模也从400亿元上升到4 300多亿元。其间，中联重科的销售收入也从2000年的2.45亿元增长到2010年的463.23亿元；三一重工的营业收入则从2004年的33.8亿元增长到2011年的507.76亿元。

随着规模的不断扩大，两家公司领导层对下属的把控也渐渐放宽，两者在长沙市的“内斗”开始从基层销售人员升级至中层干部以上。双方爆发全面的矛盾是发生在2006年的“短信门”事件。2006年8月20日，江苏一台44米中联泵车泵架断裂。3天后，中联重科在全国范围内的20多个省(市/自治区)上百家客户均收到了有关泵车泵架断裂的短信息。此次事件经过事后查证表明为三一重工的员工所为。在此事件后，不少客户开始远离中联重科，转投三一；而一些买了中联泵车的客户，则找到中联重科寻求解决方案。随后，时任中联重科混凝土机械营销公司总经理的胡立宏对外称，中联重科方面曾致电三一高层，但对方在20多天的时间内未给予任何解释。

2.2 同城兄弟“宿怨已久”

长沙现在并无一家中超球队，但三一和中联这对同城兄弟，多年来都在上演着一场场“德比之争”的好戏。长期以来，穿着不同制服的三一集团员工和中联重科员工互不往来。“公司有规定，不能与那边的人有来往，否则可能会被开除”。“短信门”事件之后，三一和中联的“较劲”更多。三一重工的一位中层干部称，三一跟日本的小松及巨头卡特彼勒之间都存在竞争，但都是理性竞争，而与中联重科的竞争则开始变得非理性。

“两家公司真正的较量应该是从2007年开始。当时中联重科已经完成了股份制改造，管理层实现了对公司的MBO，开始全力抓经营。”2006年，中联重科通过MBO方式，长沙建机院和该公司管理层通过其所控制的公司从湖南省国资委手中回购了超过30%的股权，从而实现了对中联重科的控制。中联重科的股权架构也从国有企业转变为仍有国有股份的混合所有制企业。目前，国资委的占股比例约为16%，为第一大股东。在完成股份制改造之后，中联重科在业务拓展方面加快了步伐，其业绩差距也逐渐缩小并超过了三一重工。2009年，中联重科的营业收入达207.6亿元，净利润23亿元；而当期三一重工的营业收入为164.95亿元，净利润为19.62亿元。这是中联重科2006年以来业绩首次超过三一重工。

在此期间，三一重工管理层之间的“内斗”逐渐削弱了其与中联重科的竞争优势。2009年年底，三一重工发布公告称，公司两位副总裁黄建龙、戴立新，三位副总经理周万春、毛建华、张树芳均辞职，“另有安排”。上述五位高管都是在三一工作多年的元老级人物。其中，周万春在1991年加入三一，黄建龙和张树芳于1992年加入。尽管当时三一集团的想法是将管理层年轻化。但在新领导人就位之后，三一内部就不断有高管及员工辞职离开。“新领导人就职后，免不了排挤老员工。三一内部很多中层及以上高管都在此时离开了三一。”一位离职高管说。在此轮内斗后，中联重科也看到了机会，挖走了不少离开三一的管理人员及员工。尤其是一些技术人员，这些人等于是三一帮中联培养的。他们来到中联重科后，公司给的待遇更好，再加上对被三一“挤走”颇有怨念，因而比中联原有员工更有赶超三一的动力。此后，中联研发能力得到加强。在三一引以为傲的泵车技术上，中联逐步缩小与三一的差距，泵车销售甚至一度超过三一。

2.3　三一深陷多重门

2011年4月19日，三一爆出“行贿门”事件。当天，有关三一重工向“中字头”单位及重点客户企业行贿总额502万元的细节在网上疯传，矛头甚至直指梁稳根之子梁在中。蹊跷的是，此时恰逢三一重工上市关键时期。按照计划，三一重工将于4月20日上市发行约15.4亿股H股，公司也将登陆港交所，并计划募集300亿港币资金。由于“行贿门”出现，导致三一重工登陆H股的融资计划告吹。三一集团总裁向文波坦言，这是历史上对三一打击最为凶狠的一次。由于未能成功融资，三一涉及128.8亿港币的营销布局、海外产能扩充、新产品线上线、新项目立项等均被迫搁置或延后。对于这次融资失败，三一上下都将矛头指向同城对手中联重科。“三一重工H股融资计划告吹是宏观环境影响所致，并非外界所说是由中联重科导致的”，中联重科品牌部部长刘小平如是说。

2012年11月13日，三一重工再次陷入另一“门”——间谍门。中联一份内部资料在网上曝光，指出三一重工在2009年5月22日成立了一家叫新洛普的咨询公司。该公司由三一集团全额出资，法定代表人由三一集团秘密派人挂职，公开身份不能与三一有任何关系。该公司通过收买竞争对手员工的方式，获取对方销售数据、客户明细等商业秘密。例如，2009 年，三一重工员工文成（也是新洛普成员）化名为某网站员工，打电话给中联混凝土分公司营销管理员张俊，要求张俊提供中联混凝土机械公司营销信息，并承诺付给每月 5 000 元。张俊通过手机拍照或者打印方式将大量信息提供给他。事发后，张俊被判非国家工作人员受贿罪，判刑一年，缓刑两年。对于这次"间谍"事件，三一重工宣传文化部副部长施奕青表示，三一没有成立过新洛普公司，"这都是员工自发行为，公司严禁员工违法犯罪，我们发现有些竞争对手的员工私下里互相买卖公司资料，以此谋取私利"。令事情更加扑朔迷离的是，施奕青还强调公安部门在调查中发现文成竟拥有中联集体户口，并称"不排除他是中联派到三一内部潜伏的卧底"。

中联还指出，三一重工曾在本地高校毕业生中发展商业间谍，被选中人员经培训后，去参加中联重科的校园招聘，一部分则招聘进入三一重工，以期重建情报系统。资料显示，2012 年 5 月 9 日至 10 月 13 日，三一重工员工黄镜明通过甘翰宇获取了中联重科混凝土服务管理系统登录权限，查询中联重科设备档案数万次，并将销售数据以及客户信息等发送给三一重工经营计划总部市场部副部长刘兵。目前，相关涉案人员已经被公安局依法拘留。对此，三一重工宣传部门的工作人员则表示，"这是有人在恶意炒作，我们也在等待公安机关的调查结果，在此之前，不方便透露任何细节"。

除了收买培养"间谍"，三一和中联还采用了许多其他办法获取对手信息。三一集团董事长梁稳根曾在内部公开宣称三一在长沙已无任何秘密可言。由于担心被监听，他通常不在公司召开任何重要会议，实在迫不得已，会选择在办公室外长长的露台上或者三一园区内一处池塘中央的亭子内开会。中联一位内部人士透露，得到对手商业信息有一些"常规"办法。例如，有客户到访中联，三一的人会在中联麓谷工业园对面小山头上，用望远镜看园内显示屏信息。"屏幕上会打出欢迎某某公司某某领导莅临的信息。三一收集后，即可与该客户联系。"三一也发现，中联曾故意安排员工在机场接机时混迹于客户群中。2012 年 7 月初，他们前往机场接待来访客户，工作人员发现客户人数与计划不符，随即打电话给客户所在地的业务人员，最终发现一名混迹其中的中联重科员工。2010 年，三一重工内蒙古分公司员工通过客户掩护，混入中联重科参观。中联发现后双方发生冲突，并被警方立案调查。

此外，为了争夺市场，近年来两家公司在混凝土市场上都采用了零首付、低首付等方式抢占客户。由于"信用销售"模式被大比例采用，这两家企业的应收账款逐年增高。2012 年 4 月 14 日，三一重工副总裁梁林河在微博指出，竞争对手中联重科为抢夺市场，采取过激销售策略，破坏行业健康，并指责竞争对手开始在四川大范围锁机（锁机是指厂商通过 GPS 等手段禁止用户进一步使用产品）。中联重科副总裁陈晓非随后专门开微博回应称，三一重工过激行为历历在目，希望其"先习做人，再思做事"，并表示零首付不是中联重科最先开展的，锁机在全国各地各个工程机械行业很普遍，而且"锁机只是向客户催缴贷款的一个方式，客户把钱还了之后就可以继续使用。"

2.4 "迁都"是为了远离争端

2012 年 12 月 4 日，在公司职能总部全体员工大会上，三一正式宣布将迁往北京，并再度强调搬迁两个原因：避免恶性竞争和使三一更好发展。12 月 6 日，三一重工发布公告，宣布对 2 533 名员工实施股权激励。激励对象包括董事、高管、公司中层管理人员及核心业务（技术）人员。根据激励计划草案修订稿，本次股权激励计划拟向激励对象授予权益总计 1.78 亿股，约占本激励计划签署时公司股本总额 75.94 亿股的 2.35%。三一集团品牌部副部长施奕青对外表示，三一总部迁往北京的主要原因是规避恶性竞争，加速推动公司国际化进程，实现公司第三次创业。然而，此次股权激励却被外界解读成为了安抚总部搬迁所带来的员工情绪波动。由于总部大多数员工均系湖南当地人，多数员工不想搬离长沙，不少员工正在想办法转岗，以继续留在长沙。

在三一看来，搬离长沙实为无奈，逼走三一的"祸首"被指向了同城竞争对手中联重科。对此，中联重科表示，公司搬迁总部实际上是一件很正常的事，不知道为何要将矛头指向中联重科。而且，"即便搬离了长沙，只要是两家公司都同处于一个行业，就难免会起争端"。事实上，这已经不是三一集团第一次搬迁。早在 20 世纪 80 年代，三一集团创业起始于湖南涟源的一个偏僻乡镇茅塘，在产值规模将近 1 000 万元时，梁稳根等几位创业元老作出第一次搬迁决定，将企业由偏僻乡镇迁往涟源的上级市湖南省娄底市。在娄底市发展数年后，企业年产值规模上亿元时，梁稳根接受向文波的建议，在 1992 年进行了第二次搬迁，将企业总部搬至湖南省会长沙，并由焊接材料主业转向工程机械。

3 尾声

纷争仍在持续、流言仍在弥漫。2012 年 11 月 30 日，三一正式发布公告，三一集团公司总部前往北京昌平区，并强调总部搬迁与湖南省投资环境没有任何关联。迁往北京的主要原因是规避恶性竞争，此次搬迁只涉及总部少数部门和人员，泵送事业部、汽车起重机等业务部门均不在搬迁之列，公司在湖南的产值、税收和就业基本不受影响。

本是同根生，相煎何太急。三一与中联的这场“罗生门”大战，难道终将是一场“多输”的结局？

案例使用说明

一、教学目的与用途

本案例的教学目的是帮助学员了解企业在市场竞争中遵守市场规则，恪守商业伦理的重要性；理解商业伦理的基本内涵及其在市场竞争中的具体表现形式；违背商业伦理的竞争行为可能产生的后果等。

二、启发思考题

1. 你如何看待三一公司的“迁都”行为？

2. 发生在同城兄弟三一与中联之间的同城恩怨，其主要根源是什么？

3. 如果你是梁稳根，或者是詹纯新，你将采取何种措施来避免同城兄弟祸起萧墙？

三、分析思路

教师可以根据自己的教学目标（目的）来灵活使用本案例。这里提出本案例的分析思路，仅供参考。

1. 考察三一重工和中联重科这对同城兄弟面临的竞争环境，从中国工程机械行业背景、湖南工程机械省内竞争格局、三一跟中联的产品重合度、三一跟中联的创业及成长历程等视角分析这对同城兄弟的“瑜亮情结”，为后面分析两虎相争等江湖恩怨做好铺垫。

2. 重点针对发生在三一重工与中联重科这对同城兄弟之间的“短信门”“行贿门”“间谍门”“并购门”“迁都门”等典型事件，分析这些非伦理性竞争行为的发生背景、原因，以及上述非伦理性竞争行为对竞争规则、市场环境、企业品牌等造成的巨大破坏。

3. 结合两大企业创始人梁稳根、詹纯新的创业背景、企业经营理念、企业产权性质等因素，综合分析同城兄弟之间发生恶性竞争的根源，为何恩怨矛盾愈演愈烈，直至难以控制？

案例二

陈发树诉云南红塔集团云南白药股权纠纷案

案例正文

0 引言

陈发树，福建泉州市人，中国著名企业家，新华都实业集团创办人及董事长、武夷山旅游股份副董事长、紫金矿业董事。在2009福布斯中国富豪榜中，陈发树以218.5亿元人民币的个人财富位列11位，为福建省首富。陈发树也热衷于慈善事业。2009年，陈发树捐赠价值83亿元人民币的有价证券，组建国内最大的个人慈善基金"新华都慈善基金"，并荣获2011年中国慈善排行榜"十大慈善家"称号。

2009年9月10日，陈发树在云南玉溪与云南红塔集团签下22亿元购买其手中云南白药(000528.SZ)合计6 581万股股权的交易合同。时隔809天后，2011年11月28日，陈发树把云南红塔集团告上法庭，要求云南红塔集团继续履行两年前的股权转让协议，并赔偿这期间包括股息在内超过3 000万元的全部损失。昔日的买卖双方由此对簿公堂，陈发树也走上的"秋菊打官司"的诉讼之路，而这场官司被业内称为新中国成立以来"国内最大的股权纠纷案"。

1 云南白药的"第二股东"之争

1.1 22亿元的生意：雷厉风行 or 缺少谨慎

福建商界名人陈发树，从卖杂货起家，到现在进行黄金开发、参股旅游，这几年来涉足了不少行业，一直左右逢源，令许多同行羡慕不已。陈发树的生意越做越大，在很多投资项目中显示了其雷厉风行的作风。那么，作为民营企业的成功人士，陈发树为什么会与国企云南红塔集团之间产生如此具有轰动效应的法律纠纷呢？

两者之间的纠葛还得要从2009年1月4日说起。当时中国烟草总公司作出《关于云南红塔集团有限公司转让所持云南白药集团股份有限公司股份事宜的批复》(中烟办[2009]9号),同意云南红塔集团有偿转让持有的云南白药12.32%股份。中烟办[2009]9号批复里的要求是转让后,将情况上报总公司备案。根据2007年国资委《国有股东转让所持上市公司股份管理暂行办法》(以下简称《转让办法》)的相关规定,国有上市股权转让与一般民企私有股权转让的法律要求相比具有特殊性,即除了一般股权转让所需要的双方合意以及办理变更登记手续等普通法律要件外,国有股权转让完成还需要经过两次审批程序:

一是事前审批。根据《转让办法》第十四条规定,国有股东拟协议转让上市公司股份的,在内部决策后,应当及时按照规定程序逐级书面报告省级或省级以上国有资产监督管理机构;并应当同时将拟协议转让股份的信息书面告知上市公司,由上市公司依法公开披露该信息,向社会公众进行提示性公告。公开披露文件中应当注明,本次股份拟协议转让事项须经相关国有资产监督管理机构同意后才能组织实施。同时,《转让办法》第十六条明确规定了审批时限,即省级或省级以上国有资产监督管理机构收到国有股东拟协议转让上市公司股份的书面报告后,应在10个工作日内出具意见。

二是事后审批。根据《转让办法》第二十七条规定,国有股东与拟受让方签订股份转让协议后,应及时履行信息披露等相关义务,同时应按规定程序报国务院国有资产监督管理机构审核批准。但与转让前的审批规定不同之处在于,该《转让办法》对事后审批的时限并没有作出一个明确的时间限制标准。正是这一立法上未尽明确的规定给陈发树该笔股权交易长达800多天的等待审批埋下了隐患。

本案中,作为云南红塔集团的上级主管部门的云南中烟于2009年8月14日按照《转让办法》的事前审批程序规定,按照法定时效及时对该股权转让项目作出了批复,同意云南红塔集团按照市场化的方式,一次性协议转让其所持有云南白药全部流通股股份6 581万股。在批复当日,云南白药就发布公告,披露了这一消息,称云南红塔集团将通过公开征集受让方的方式转让这部分股份。

被誉为“中国巴菲特”的陈发树当天就注意到了这个消息,毕竟这是一块大肥肉。他对于资本市场灵敏的嗅觉告诉自己:机会来了! 于是陈发树决定迅速入股。陈发树入股云南白药主要是以其三大投资理念为支撑:寻找国资控股,寻找行业龙头,陈本人私人持股。秉承这三大投资理念,陈发树入股云南白药从谈判到签订股权转让协议再到支付转让金,一切事项进度神速,效率之快让人惊奇。当年8月20日,陈发树先往云南红塔集团账户上打进2亿元作为交易定金;9 月 10 日,双方签订股权转让协议;接着,9 月 16 日,又一次性将转让金余款 20.076 亿元打进云南红塔集团指定账户。自此,这一次 22 亿元人民币的股权转让基本完成交易,只需等待中国烟草总公司的批准。与此同时,云南白药方面也根据《转让办法》第二十七条的相关规定,及时作了信息披露工作,于 2009 年 9 月 14 日刊登了《简式权益变动报告书——云南红塔集团有限公司》和《简式权益变动报告书——陈发树》,告知云南白药的大额股权已经“名花易主”。从 2009 年 8 月 14 日云南白药公告股权收购信息,到 9 月 10 日双方签订股权转让协议,一桩 22 亿元的生意,过程没有超过一个月。此时,全社会都几乎肯定性地认为陈发树又一次成功地完成了一项巨额投资,都纷纷发出感叹。但谁都没有想到此事件还有跌宕起伏的延续。陈发树本人也万万没有想到,原本胜券在握的一笔简单股权转让交易却进入了漫长的合同生效批准等待时期。

时间进入了第二个年头。在等待中国烟草总公司核准的同时,陈发树发现当初与他签订协议的云南红塔集团副总裁刘会疆已经联系不上了。如此重要的人物竟然联系不上了,批复文件又迟迟未能下发,陈发树的等待掺进了不安的因子。而此时,云南白药股价正在不断飙升,从签订协议时(2009 年 9 月 10 日)的 33.5 元,飙升至最高时达到 74.59 元,市值一度近千亿元。此时,若算一算陈发树的可得利益,其结果是相当惊喜的。我们可发现,陈发树购买的云南白药股份增值的资产合计 21.5 亿元。也就是说,如果陈发树当初股权交接顺利,那么 800 多天后,他的获益将翻一番。这个预想的结果证明了两个问题:一方面,虽然在不到一个月的时间里就完成的收购被部分人认为不够谨慎,但是这巨大的利润证明了陈发树等人的眼光,他们从速购买自有其道理;另一方面,也证明了讨要这部分股权的难度,由于延宕而产生的数以十亿计的收益,庞大到谁也不愿轻易割舍,这是显而易见的。所以,事情发展到这一步,云南红塔集团当然能拖就拖,总之不到万不得已绝不放手;对陈发树方面而言,则要采取相当努力的应对措施来实现自己收购股权的转让完成。

1.2 “秋菊”的官司:民官平等 or 官民有别

股权迟迟不能转让变更登记,陈发树愈发感觉到不安。于是,2011 年他向云南红塔集团出具《办理股份过户登记催促函》,要求云南红塔集团自接函之日起 10 个工作日内将转让协议项下股份办理过户登记至原告名下,但该函并没有得到对方的任何回应。在反复催促对方履行转让协议无效的情况下,陈发树只好最后痛下决心寻求法律的途径来实现自己的诉求。2011 年 12 月 8 日,陈发树向云南省高级人民法院递交《民事起诉状》,正式起诉云南红塔集团。

但走诉讼途径其实也是陈发树最后的无奈选择,因为诉讼的结果具有很大的不确定性,尤其在我国法治环境还不够健全的今天。走法律途径最好的结果当然是云南红塔集团把股权按协议履行转让给陈发树,并按照两年多来这些股权的转增和分红,把22亿元资本投入的获益都全部补给他;但也有可能败诉,云南红塔集团退回22亿元,一笔巨款两年多的资本收益为零,且被通货膨胀折损。且无论哪个结果,这场诉讼都注定是一场旷日持久的纷争。因此,很多人都不看好这次诉讼结果,包括那些与他一道打江山的兄弟们、他的亲人们,他们劝他不要打官司,还是赶紧把22亿元拿回来,做点其他生意才是理性抉择。不过,陈发树力排众议,称官司一定要打,哪怕胜诉几率很低。虽然走诉讼道路的决心坚定,但是陈发树在和北京尚公律师事务所律师李庆见面时,心态却似"秋菊",他坦承自己只是想讨个说法,"我要追求的是非公有制企业和公有制企业在法律上和制度上的平等"。陈发树对李庆表示,从头至尾,这不是一个钱的问题,打官司会让22亿元在对方账户上再放个三五年,为钱他肯定不打官司。但是他要一个说法,他不相信这个情况在中国不能有一个正规的渠道去解决,正是出于对中国的未来有信心,对中国的司法有信心,他才要去做这个诉讼,"就是像秋菊一样要讨个说法"。

但是直到2012年3月15日,云南省高院组织交换证据时,陈发树才了解了红塔集团内部拒绝该股权转让中的全部审批和批复的具体过程。对方提交的这些证据文件资料包括:

(1) 2011年5月,云南中烟恳请中国烟草出具书面否决函的请示。

(2) 2012年1月17日,中国烟草正式批复,不同意云南白药股份转让给陈发树的《中烟办[2012]7号》文。

(3) 2012年1月18日,云南中烟不同意红塔集团转让股份的批复。

(4) 2012年1月19日,红塔烟草(集团)有限责任公司不同意云南红塔集团转让股份的批复。

或许由于起诉的关系,陈发树发现,被告方的批复流程在加快,每天都有自上而下的批复产生。2012年1月19日,陈发树终于等到了结果。这是一句很简单的话,"为确保国有资产保值增值,防止国有资产流失,不同意本次股份转让"上述所有内容,总计才28个字,但陈发树却已苦苦等待了860天。

2012年4月16日上午10点,云南高级人民法院10号法庭公开审理此案,法院未当庭宣判结果,双方均同意接受调解。同时,2012年4月16日,陈发树又授权其代理律师向国家烟草专卖局(中国烟草总公司)提出行政复议申请,申请对中国烟草总公司关于不同意转让云南红塔集团所持的云南白药股权的行为进行行政复议，要求撤销此批复，并同意股份转让。但在4月19日，国家烟草专卖局给予回复："经查，你的请求不属于行政复议法规定的复议范围。"

随后，陈发树仍然心有不甘，针对行政复议被拒绝一事，又于5月7日向北京市第一中级人民法院提起行政诉讼。6月21日，陈发树方面收到法院行政裁定书。行政裁定书表示，陈发树的起诉不属于人民法院受理范围，不予受理。这意味着，作为主导这一交易的中国烟草总公司，完全从陈发树与云南白药股权纠纷的事件中脱身出来，陈发树告不了中国烟草总公司。于是，陈发树陷入了投诉无门，起诉也无门的尴尬境地，所能做的也只能是等待云南省高院对股权纠纷作出的最后判决。

2013年2月，陈发树终于等来了云南省高级人民法院一审判决，但结果是原告方陈发树败诉。根据陈发树方提供的民事判决书，双方签订的《股份转让协议》被法院确认为合法有效。但法院认为，云南红塔集团已及时按约履行了就本案所涉股份转让的有关报批、信息披露等手续，并未违反协约的规定。因此，法院驳回了陈发树的其他请求，包括请求判令云南红塔集团继续全面履行该《股份转让协议》；因云南红塔集团违约给其造成的损失应由云南红塔集团予以赔偿；追加中国烟草总公司、云南中烟公司、红塔烟草（集团）有限责任公司为本案无独立请求权的第三人。

云南省高级人民法院在判决书中认为："本案的股份转让只有在获得有权国有资产监督管理机构批准同意后方能实施，但目前，《股权转让协议》并未获得有权国有资产监督管理机构的批准。"正因如此，陈发树诉请判令红塔有限公司继续全面履约，未获得法院支持。在陈发树方看来，正是云南红塔集团迟迟不履行《股权转让协议》，才导致国有资产流失的风险加大。李庆说："它（指云南红塔集团）的这种努力的时间越长，可能导致的惩罚，就是赔偿责任越大，那个时候承担的赔偿责任才是真正意义上的国有资产流失。一个正常的交易卖赔了卖赚了，只要程序合法，不存在国有资产流失的问题。"值得注意的是，由于标的额巨大，这起官司的一审受理费高达1 696.85万元，由陈发树负担，这被李庆形容为"有史以来最贵的个人诉讼费。"

2013年2月，陈发树因不服云南省高级人民法院作出的一审判决，向最高人民法院提起上诉。2013年4月27日下午，最高人民法院开庭审理此案。本次上诉至最高人民法院，陈发树方面要求维持原判决第一项，即：

(1) 陈发树与云南红塔集团有限公司2009年9月10日签订的《股份转让协议》合法有效。

（2）改判云南红塔集团继续履行其与原告 2009 年 9 月 10 日签订的《股份转让协议》，立即采取有效措施，就本案股份转让事项报送至财政部审批。

（3）改判确认云南红塔集团因违约给原告已经造成的和可能继续造成的损失，损失共计 1 165 893 450 元。

（4）改判云南红塔集团负担本案一审、二审案件受理费 16 968 480 元。

同时，在最高人民法院庭审时，陈发树方再次要求追加中国烟草总公司为第三人，但云南红塔集团代理律师坚持认为，中国烟草总公司与陈发树之间没有任何合同关系，故此不能加为第三人。并且认为，在这笔交易中没有任何过失行为，它只是在保护国有资产而不是行政行为，而是股东行为。这让陈发树方面抓住了"辫子"，既然中国烟草总公司的本次股份转让权交易"不同意"属于股东行为，那么传达的只是企业无法履行。故此，云南红塔集团依然没有履行合同所有手续。陈发树方面认为云南红塔集团的上级单位——中国烟草总公司、云南省中烟工业总公司和红塔烟草（集团）有限责任公司在云南白药股权交易中，无权审批本案所涉及的股权转让，同时涉嫌人为阻断了审批材料从本部到财政部的递呈，是"越俎代庖"的行为。

不管双发如何争议，这似乎就是中国的现状：国有企业在进入市场后往往会发生身份双重性引发的纠纷，那就是在与非公有制主体发生交易时，国有企业内部的行政管理往往影响其作为民事主体的行为。而作为相对方的民事主体往往会忽视了国有企业交易的特殊性的而陷入困境。

就本案而言，从平等的民事主体双方的交易而言，红塔集团应积极履行其后合同义务，其上级的审核批准也应该是形式复核，防止国有资产流失不是阻止交易的正当理由。陈发树等也完全可以在对方违约的情况下将之诉诸法庭。但是中国烟草总公司的不批准是在行使行政职权，这使得纠纷变得复杂化。由于我国国有资产管理模式与市场化规则的固有矛盾，加之行政诉讼立法的不完善，使本案原告一方投诉无门。2014 年 7 月，最高人民法院作出民事判决：云南红塔集团向陈发树返还 22.07 亿元本金及利息，驳回陈发树的其他请求。

2　本案诉讼中争议的主要事实和证据

从上述双方股权争议事件发生的整个过程来看，该案中争议的焦点主要有三个：一是云南红塔集团是否存在违约行为；二是中国烟草总公司是否有审批权；三是本案是否会导致所谓国有资产流失。此外，中国烟草总公司在此次纠纷中到底行使了什么性质的行为也一度成为争议点。如果中国烟草总公司是以民事主体的身份行使了民事行为，那么它作为民事被告，至少是民事诉讼利害关系第三人是理所当然的。但是中国烟草总公司在此作出的是行政行为，它代表财政部行使国有资产转让审批的行政权。但是，根据法院的行政裁定书，陈发树对中国烟草总公司的起诉又不属于法院受理范围。

对于上述争议问题，原、被告双方都各自提出了自己的主张和相应的证据资料。

2.1 陈发树方面主张的事实和证据

2.1.1 主张事实

双方代理律师在庭上就云南红塔是否故意拖延履行合同构成违约、中国烟草总公司是否有权否决股权转让以及“国有资产流失”的判断是否成立等问题展开了激烈的辩论。本案一审中，陈发树方面诉称：

首先，云南红塔集团“报请中国烟草总公司批准过户”仅仅是一次“合规性审批”。通常来说，全国类似审批的通常期限为：国资委系统 98 个日历日，财政部系统 72 个日历日。此次交易审批要经过从云南红塔集团→云南中烟公司→中国烟草总公司→财政部的三次传递。而这当中，云南红塔集团当天完成提报、云南中烟向中国烟草总公司提报历时 83 天，但中国烟草总公司作出不同意回复却用时 2 年零 45 天。而且根据证据显示，2011 年 5 月 4 日，云南中烟向中国烟草总公司提起请示，在转让云南白药股份申请提交后，“总公司相关人员以电话通知的方式，表示总公司不同意该股权转让事项，我司已将该意见转达红塔集团”。然而上述“不同意”信息由于未以书面形式传达，不符合云南白药作为上市公司的披露规范，因此云南中烟在《滇烟工投资[2011]222 号》文件中恳请中国烟草总公司出具书面审核意见。根据这份文件，认为云南中烟在协议签署 581 天后，才刚刚着手准备“审批不被核准”而产生的相关事宜，属于严重的拖延。但是这期间陈发树虽不断催促，却始终得不到批复。与此同时，自 2009 年 12 月 3 日起至今，云南红塔集团的报批流程一直停留在中国烟草总公司，而上报财政部的环节则一直处于停滞状态，中国烟草总公司还曾先后多次对下级公司表达不履行的意思，这一行为是故意迟延和拒绝履行合同义务，是明显不作为的违约行为。

其次，中国烟草总公司只有汇总上报权力，而没有审批权力。依据为财政部在 2004 年 6 月 14 日发布的《财政部关于烟草行业国有资产管理若干问题的意见》(财建[2006]第 310 号，下称“财政部 310 号文”)。该意见对中国烟草总公司下属企业的产权转让有具体的规定：“中国烟草总公司所属烟草单位向非烟草单位的产权转让，主业评估价值在 1 亿元以上(含 1 亿元)、多种经营在 2 亿元以上(含 2 亿元)的，由各单位逐级上报中国烟草总公司(国家烟草专卖局），由中国烟草总公司（国家烟草专卖局）报财政部审批。”股权转让协议中已明确规定：“股份转让事宜在本协议生效后尚须获得有权国有资产监督管理机构批准同意后方能实施。”被告在2012年1月19日发给原告批复时，云南红塔集团用“上级主管单位”偷换了《股权转让协议》第26条中的“有权国有资产监督管理机构”。中国烟草总公司无疑开了一个国有企业滥用国有资产监管审批程序的先例。

最后，“国有资产流失”是结果，必须有违法情节在前，比如恶意串通买卖双方、故意把交易价格压低等，才能使之成为合同失效的理由。正是云南红塔集团迟迟不履行《股权转让协议》，才导致国有资产流失的风险加大。一个正常的交易卖赔了卖赚了，只要程序合法，不存在国有资产流失的问题。目前没有政策法规清晰定义“国有资产流失”，而是以审批人的主观判断为主。但是结合云南白药股价来看，中国烟草总公司在签订协议800多天以后才“突然发现”国有资产流失，而此期间，该股权的市值已由22亿元涨到目前的40多亿元，最高甚至达60多亿元，也不禁让人怀疑是否与股价大涨有关。中国烟草总公司的7号批复实际上是在主张一种特殊的新规则：卖出股票以后，在实际交割之前，如果发现所卖股票发生增值或者有增值前景，则有权以“防止国有资产流失”为由随意废除已经生效的交易。

2.1.2　提交证据

原告陈发树方面为支持其主张，庭审时提交了以下主要证据：

(1) 原、被告双方关于云南白药股份的《股权转让协议》，证明双方于2009年9月10日签订协议，原告以22亿元人民币的对价受让被告持有的云南白药股份6 000多万股。

(2) 2009年1月4日，中国烟草总公司作出《关于云南红塔集团有限公司转让所持云南白药集团股份有限公司股份事宜的批复》（中烟办[2009]9号），同意云南红塔集团有偿转让持有的云南白药12.32%股份。证明协议的签订得到了中国烟草总公司的同意。

(3) 2011年4月27日，陈发树向云南红塔集团出具并派人送达的《办理股份过户登记催促函》，要求对方自接函之日起10个工作日内将转让协议项下股份办理过户登记至陈发树名下。云南红塔集团副总经理、云南白药副董事长刘会疆收到该函后签注“收到。刘会疆4.28”。证明原告方面曾催促被告履行股权转让协议。

(4) 2011年5月9日，云南红塔集团方面就《办理股份过户登记催促函》给出回函：“本次股份转让事宜必须获得有权国资监管机构的批准后方能实施，我公司积极向上级主管机构进行了相关报批工作，现并未收到任何书面批复意见；本次股份转让事宜存在批复同意或被否决的可能性，若有任何变化或进展，我公司将及时通知您。"

2.2 云南红塔集团主张的观点和证据

2.2.1 主张事实

对于陈发树的主张，云南红塔集团则辩称：

首先，云南红塔集团不存在违约行为。中烟办[2009]9号批复里的要求是转让后，将情况上报总公司备案。云南红塔集团遵守的是三级主管部门的管理制度，云南红塔集团只能层层上报，及时履行了报批义务，但批复时间不在其控制范围内，并且也没有法律规定该项批复应该多长时间完成，协议也没有约定，所以云南红塔集团并没违约。交易只能逐级报批，无法直接送达财政部，即由云南红塔集团上报到云南中烟公司，再上报到中国烟草总公司，云南红塔集团在交易完成后就已完成上报，但无权越级上报至财政部，因此不存在消极履行合同责任问题。对于中国烟草总公司如何对"国资流失"和审批时间太久，因为不是中国烟草总公司的代表，无法表达意见。

其次，中国烟草总公司具有否决此次股权转让的权力。财政部发布的《财政部关于烟草行业国有资产管理若干问题的意见》中规定的审批原则只适用于在各上级机关都同意的情况下才需要逐级上报。也即只有在云南红塔集团的各上级单位都同意的情况下，才需要报财政部终极审批。由于中国烟草总公司否决了此次股权转让，因此无需上报。此外，按照《企业国有产权转让管理暂行办法》第9条，财政部可以授权所出资企业制定所属企业的国有产权转让管理办法，因此中国烟草总公司具有否决此次股权转让的权力。

最后，履行协议确实面临"国有资产流失"的可能性。随着协议的签订，云南白药股价一路攀高，最高每股超过74元，是协议价格的两倍多，到开庭的前一日(8月22日)，云南白药的股票收盘价为每股63.3元，远远高于协议价格，如果按协议价格签约确实面临"国有资产流失"的可能性。即使以协议签订当日的价格44.02元计算，每股溢价达10.48元，面临近7亿元的"国有资产流失"，因此，中国烟草总公司作出"为确保国有资产保值增值，防止国有资产流失，不同意本次股份转让"的批复。

2.2.2 提交证据

云南红塔集团为反驳对方主张并支持自己的主张，提出了如下证据：

(1) 2009年9月11日，即在与陈发树签订股权转让协议后第二天，云南红塔集团向其母公司红塔集团上报了《云南红塔集团有限公司关于将所持云南白药集团股份有限公司的股份整体协议转让给自然人陈发树的请示》。

(2) 2009年9月11日,红塔集团将《云南红塔集团有限公司关于将所持云南白药集团股份有限公司的股份整体协议转让给自然人陈发树的请示》事项上报至云南中烟的证据。

(3) 2009年12月2日,云南中烟向中国烟草总公司上报了《云南中烟工业公司关于云南红塔集团有限公司协议转让所持云南白药集团股份有限公司股份的请示》。

(4) 2011年5月4日,云南中烟公司向中国烟草总公司上报了《云南中烟工业公司关于云南红塔集团有限公司协议转让所持云南白药集团股份有限公司股份的请示》。原告一方则对被告方提供的以上四份申报材料的真实性并不认可。原告质证认为:在2011年12月21日云南高院受理此案后,云南红塔集团有一个月的答辩期,在这期间云南红塔和陈发树一方都可以提供证据,但云南红塔却没有在这一个月提供上述4份请示材料,并且向云南高院申请延期一个月提交证据。在延期提交证据的一个月时间云南红塔才拿出了这4份请示材料,在民事诉讼中只有提供证据困难,才能申请延期提交证据。如果这4份请示真的是在2009年、2011年就存在了,那么云南红塔为什么会出现提供证据困难?况且此前陈发树与云南红塔集团一直处于合作关系,却从来都不知道这4份请示的存在,这也不符合常理。原告方怀疑这4份请示材料是云南红塔方面后来补齐的,因此向法院申请鉴定其真实性。

(5) 2012年1月17日,中国烟草总公司不批准《云南中烟工业公司关于云南红塔集团有限公司协议转让所持云南白药集团股份有限公司股份的请示》的批复。

案例使用说明

一、教学目的与用途

本案例通过陈发树与云南红塔集团就云南白药股权转让纠纷的起源、经过和一审过程及其结果,帮助学生了解国有企业股权转让中的特殊法律要求,探讨国有资产管理过程中会出现的"亦官亦商"问题。同时,本案例帮助学生了解在国企股权交易中会存在的一些特别法律风险,了解国有企业股权交易市场中要注意的一些重要法律风险及其防范。通过案例的分析和讨论,培养学生的综合分析能力,指出本案中国有股权转让涉及的法律程序问题以及存在的法律风险,为公司管理股权投资、尤其是收购或者并购国有股权等提供相应法律意见和对策。

二、启发思考题

1. 国有企业股权交易的流程及其特殊审批程序是怎样的?

2. 国有资产股权流转时转让价格应该如何确定?

3. 简述国有资产流失的含义及其认定。

三、分析思路

1. 了解陈发树与云南红塔集团关于云南白药的股权纠纷产生的始末,知悉其中的事件情节,了解本案与一般私有股权转让的不寻常之处和意义,重点掌握本案的争议点和关键点,为后面双方的主张事实和举证方向作预测。

2. 了解本案一审法院对相关事实的认定和证据的采信,并对此作出评价,分析法院认定事实和证据的依据是否妥当,了解我国现行相关法律的立法缺陷。

3. 在以上分析的基础上,结合本案,对民事主体在与国有企业股权转让过程中应注意的法律风险问题进行归纳和分析,理解国有企业的特殊性和局限性。

4. 结合行政法规和国有资产管理的相关知识,重点分析本案中国烟草总公司有无审批权和国有资产有无流失的问题,对本案的最终判决作出预测。

5. 从证据法的角度,分析本案原、被告双方提供的证据资格及其证明力大小。总结归纳民事合同签订、履行中应注意的事项,特别是与国有企业进行民事交易时应特别注意防范哪些风险以及如何防范。

案例三

国美电器控制权之争

案例正文

0 引言

2010年9月28日下午,位于香港铜锣湾中心地段的香港富豪酒店正在举行国美股东大会,这是中国公司发展史上的一个里程碑事件。三度登上中国大陆首富宝座的黄光裕要在监狱里隔空罢免国美董事会主席陈晓,陈晓则代表国美电器起诉黄光裕,并实施“去黄化”运动予以反击,一系列眼花缭乱的明争暗斗,要在股东大会上揭开谜底。是资本的权力大,还是“县官不如现管”的管理层能够胜出?博弈的结局是今后谁能主宰国美。股东们需要在此对国美电器的未来作出抉择!

国美控制权之争案件把公司治理的复杂性和程序置于公众视线中。对于一个仍在向市场经济转型的国家来说,这个事件具有里程碑意义,并注定成为中国公司治理未来发展历史上的一个标志性事件。其特殊之处在于:在中国企业中,过去鲜有高管层与创始人和大股东如此旗帜鲜明地展开公司控制权之争。

1 公司背景

国美电器控股有限公司(简称国美),是中国最大的以家电及消费电子产品零售为主的全国性连锁企业。2011年3月,德勤公布的《全球零售力量2011年度报告》显示,国美电器从2009年的91名上升到86名,其最大竞争对手苏宁电器则从125名提升到104名,国美赫然占据中国家电零售行业龙头老大的位置。

1986年,17岁的黄光裕(那时他还叫黄俊烈)跟着哥哥黄俊钦,揣着在内蒙古攒下的 4 000 元，然后又借了 3 万元，在北京前门的珠市口东大街 420 号盘下了一个 100 平方米的名叫“国美”的门面，那是一座二层小楼，先卖服装，后来改卖进口电器。1987 年 1 月 1 日，从第一家“国美电器店”正式挂牌至 2004 年年底，国美电器已在全国及香港和东南亚地区拥有了 190 个门店。其间，2004 年 6 月，国美电器在香港证券交易所成功上市(港交所代码：HK0493)。

在国美发展过程中，黄光裕始终坚持“攻城略地”的快速扩张战略，不断通过收购等手段快速扩张店面网络规模，扩大市场份额。三联商社、上海永乐、北京大中等家电零售企业相继成为国美并购目标。在实施完成上述系列并购动作后，2010 年，国美电器已经发展为在北京、天津、上海等国内 160 多个城市以及香港和澳门地区拥有直营门店 938 家，10 多万名员工的大型家电零售连锁企业，并成为众多知名家电生产厂家在中国最大的经销商。

国美电器 20 多年发展成为中国家电零售连锁的绝对老大，和掌门人黄光裕的个人特质和经营策略有着密不可分的联系：

(1) 强势领导。黄光裕是一个极其强势的领导人。作为一位极富个人威望的成功企业家，黄光裕集创业者、战略决策者和主要经营者于一身，其个人理念、行为方式深刻影响了国美员工乃至组织制度，他的权威是任何人都难以挑战和替代的。许多人，包括国美内部一些高管，都认为黄光裕很“霸道”，甚至有人将其称为“大独裁者”。而在外界看来，黄光裕更是一个符号，始终给人以强势的印象：国美即黄光裕，黄光裕即国美。即使坊间对他的发家史、经营手段及商业理念的质疑从未曾间断。

(2) 竞争策略。黄光裕头脑清醒，善于捕捉市场机会，且行动迅速。“黄光裕是一个行动快速的人，有想法马上做，发现不对马上改。”一位在国美工作多年的员工如此评价老板。黄光裕自己也承认：“我是要求速度的，尽快实施。我不会花 3 个月来谋划，把这个规划书标点符号都改清楚了，然后再去做。我是边实施边做边修正。只要有三分把握的事，我就敢去做。”同时，在 20 世纪 80 年代末国美就采取了差别化竞争策略。在凭票供应的卖方市场，绝大多数国有商家采用“抬高售价、大量批发，以图厚利”的经营方式，但是，黄光裕却反其道而行之，决定走“坚持零售，薄利多销”的发展之路。黄光裕还将北京的几家门店“国豪”“亚华”“恒基”等，统一为“国美”，拥有了自己的品牌。此举为国美今后的扩张奠定了基础。

2 国美电器“控制权之争”的来龙去脉

国美电器“控制权之争”表现为以黄光裕为代表的创始大股东和以陈晓为

代表的经理层之间的矛盾。黄光裕和陈晓两人都有着不同寻常的背景和经历：1987 年，未及弱冠的黄光裕在北京创立公司，并成功将其发展为规模庞大的上市公司。陈晓曾是令黄光裕头疼的竞争对手，他也是一位企业家。1996 年，陈晓带领 47 位员工，集资百万，创建上海永乐家电，任董事长。2003 年，永乐家电销售突破 100 亿元，独霸上海市场，跻身国内家电连锁业前三强。2005 年，永乐在香港上市，市值达 47 亿港币。2006 年 7 月，永乐被国美收购之后，陈晓出任“新国美”的总裁，成为国美管理团队的二号人物。

陈晓与黄光裕有过看似美好的蜜月时光。对昔日竞争对手，黄光裕从不吝赞美之辞，曾评价他是出色的实战者，也非常熟悉家电零售市场。“原来我不了解陈晓的时候，在印象中，陈晓是一个很坏的老小孩，在商业竞争中曾经给我很大的压力。通过数月合并谈判的接触，我认为陈晓眼界很高，胸怀很广，能够把双方合作提高到一个未来发展战略的高度，提升到行业的民族利益前景的高度。另外，陈晓做事非常细心。”黄光裕还公开评价，再也找不到比陈晓更合适的国美总裁人选。陈晓也谦虚地对媒体说：“我是以职业经理人心态到国美工作的。”

然而，职业经理人角色对于颇具行业理想和抱负的陈晓而言，似乎不太适应。更大分歧则在于他和黄光裕对国美发展战略的设计。有了永乐快速扩张吞下恶果的前车之鉴，陈晓尤其希望国美能在完成行业规模扩张和有效整合后，对外优化供应商合作关系，对内优化门店网络资源，即在新的发展阶段，不再依靠门店数量增长，而是提高单店经营质量。但黄光裕并不急于做这些精进，他认为门店扩张才是巩固行业地位的核心，这让陈晓深感受挫。

2.1 突如其来的变故

2008 年 11 月 17 日，时任国美电器董事局主席的黄光裕命运发生惊天逆转，他因非法经营和内幕交易等罪名被公安机关带走调查。11 月 18 日，黄光裕辞去国美电器董事职务，董事会主席身份自动终止。突如其来的变故，让国美一时陷入混乱之中。为稳定人心，重拾投资者和供货商信心，国美电器于 11 月 28 日宣布启动紧急措施，委任行政总裁陈晓代理董事会主席。2009 年 1 月 16 日，陈晓正式出任国美电器董事会主席，并兼任总裁。

黄光裕入狱后，银行开始信贷收紧、供应商缩短结算周期，加上长期奉行门店扩张策略，导致这家国内最大家电零售连锁公司的资金链严重紧绷。无奈之下，临危受命的陈晓开始寻求外资投资机构帮助。对此，狱中的黄光裕并无异议，但强调必须确保大股东的控股权。2009 年 6 月 22 日，国美向全球私人股权投资公司贝恩资本发 18.04 亿港元可转债。引入贝恩资本为国美带来了急需的现金，但黄氏家族股权也面临被稀释风险。该融资协议还包括一系列在黄氏家族看来类似丧权辱国“马关条约”的苛刻附属条款 2。然而，陈晓则认为，贝恩资本是众多融资对象中条件最为优惠的，相对于其他投资者的绝对控股要求，贝恩只是在“协议”中明确了自我保护而已。这直接导致创始大股东对以陈晓为代表的职业经理人产生了信任危机。

贝恩投资与国美电器达成的融资协议为：后者实行增发可转(股)债券及配售新股相结合的融资方案。方案具体包括：国美向贝恩发行 15.9 亿元(约合 18.04 亿港元)7 年期可转债，年息率 5%；如贝恩实施转股，初始转换价每股 1.18 港元；如于国美公开发售完成后转股，转换价格则调整为每股 1.108 港元。以 0.672 港元/股的价格，向所有老股东按 127.59 亿总股本的 18%比例配售新股。贝恩与国美约定，如老股东认购不足，贝恩将作为包销商，认购全部剩余配售股份。同时，贝恩同国美还约定：陈晓的董事局主席任期至少 3 年以上；国美不良贷款不能超过 1 亿元；确保贝恩投资 3 名非执行董事人选，并不得提名他人接替；陈晓、王俊洲、魏秋立 3 名执行董事中两人被免职，则国美违约。一旦国美违约，贝恩有权要求国美以 1.5 倍代价，即约 24 亿元赎回可转债。

国美股权激励的具体方案为：国美三巨头陈晓 2 200 万股，王俊洲 2 000 万股，李俊涛 1 800 万股，魏秋立 1 800 万股；其他两位执行董事孙一丁和伍健华分别获得 1 300 万股和 1 000 万股；而作为三联商社董事的李俊涛、牟贵先也获得 1 800 万股和 1 300 万股，沈朱伟等 4 位附属公司董事分别获得 150 万～600 万股不等的股权。此外，以何阳青为首的其他公司高管、大区总经理、分公司总经理，以及集团各中心总监、副总监总共获得 2.57 亿股。这次国美电器的股权激励覆盖了国美大部分管理层。

在公司发展战略层面，陈晓出任董事局主席不久就将黄光裕时代“数量至上、快速扩张”战略调整为“质量优先，提高单店盈利能力”，并关停部分盈利状态不好的门店。受陈晓“深耕细作、精进管理”战略理念影响，2009 年国美关闭 189 家门店，门店数量从年初的 859 家不增反降至 726 家。至此，陈晓在永乐时代创立，担任国美总裁期间一直无法实施的精细化管理理念终于得以贯彻落实，但这被狱中的黄光裕视为一种公然背叛。

2009 年 7 月 7 日，陈晓再次采取行动。在没有充分告知黄光裕的情况下，国美电器推出“管理层股权激励方案”，包括陈晓在内的 105 位管理层获得总计 3.83 亿股的股票期权，约占已发行股本 3%，累计总额近 7.3 亿港元。黄光裕得知期权激励方案后，再次表现出对董事会的不满，并要求董事会采取措施，取消期权激励，但他的意见再次没有被采纳。

2009年7月13日，国美董事会又发布公告决定公开发售于22.96亿股股票，每股0.672港元。此次公开发售的股份占其现有已发行股本的18%，占其经发行公开发售股份扩大后的已发行股本的15.3%。虽然黄光裕作为第一大股东，可以按18%比例等额配售认购，但狱中的黄光裕正面临资金短缺问题，而且留给他的时间也不多。

2.2 双方矛盾的激化

面对陈晓领导的管理层作出的种种动作，2010年5月11日，在国美股东周年大会上，持有国美电器33.98%股份的黄光裕一怒之下在12项决议中连投5项否决票。首先，否决委任贝恩投资董事总经理竺稼等3名前任董事为国美非执行董事；其次，否决董事会对董事薪酬的厘定，显示出对董事会的整体不信任；最后，还否决了董事会"以所购回之股份数目扩大"所授出有关配发、发行及处置股份的一般授权。而根据此前签署的融资协议，如果贝恩投资在国美董事会中失去董事席位，将造成公司违约并须作出赔偿，相关赔偿额高达人民币24亿元。国美电器当晚紧急召开董事会，强行委任贝恩3名高管(竺稼、雷彦、王励弘)加入董事会，并首次公开指责黄光裕夫妇将国美陷于重大危机之中，黄光裕的决定不代表所有股东意见。陈晓还表示，重新任命3位董事的行动是由公司章程授权的。

2010年5月18日，黄光裕以非法经营罪、内幕交易罪、单位行贿罪被法院判处有期徒刑14年，但这并未影响他在狱中对国美施加影响力。2010年8月4日晚间7时30分，香港Shinning Crown Holdings Inc一纸公告揭开了黄光裕和陈晓持续一年多的暗战。该公司持有国美电器33.98%的股份，实际控制人为身陷囹圄的黄光裕。公告要求，撤销股东周年大会授予本公司董事会配发、发行及处置本公司股份之一般授权，撤销陈晓董事局主席和孙一丁的执行董事职务，提名邹晓春、黄燕虹为空缺的执行董事职务候选人。

与此同时，国美电器也于2010年8月5日晚在港交所发布公告，宣布对公司间接持股股东及前任执行董事黄光裕进行法律起诉，针对其于2008年1月及2月前后回购公司股份中被指称的违反公司董事的信托责任及信任的行为寻求赔偿。国美相关负责人表示，就起诉黄光裕一事，他们已经和香港证监会有过沟通，起诉基于香港证监会的调查。早在2009年8月，香港证监会曾向香港高院提起诉讼，指黄光裕、杜鹃夫妇在2008年1月及2月进行国美电器股份回购计划，目的是以国美电器的公司资金购买本由黄光裕持有的股份，从而协助黄光裕向一家财务机构偿还一笔24亿元的私人贷款。香港证监会指称，上述计划导致国美电器损失约16亿港元。2009年8月5日，香港高等法院批准对黄光裕16.55亿港元资产冻结。至此，大股东黄光裕与国美现任管理层的矛盾大白天下。

2.3 贝恩资本的介入

面对大股东和管理层日益激化的矛盾，中途入场的机构投资者贝恩资本扮演着重要角色。贝恩资本持有的国美电器可换股债券若执行转股，将获得国美近10%的股份，因此它的立场将对创始大股东和管理层两大阵营在特别股东大会上的力量对比产生显著影响。事实上，自双方矛盾公开化后，两大阵营与贝恩资本的私下接触就从未间断。黄光裕与管理层的双边矛盾也因此演变为一场由创始大股东、职业经理人、战略投资者三方展开的利益博弈。

虽然双方阵营都在极力游说拉拢贝恩资本，外界也对贝恩到底持何立场充满好奇。2010年9月16日晚，贝恩资本终于结束模棱两可的态度，宣布将以每股1.108港元的转换价，全数将其持有的可换股债券转换为16.31亿股。转换之后，贝恩资本股份占扩大后公司总股本的9.98%，成为国美的第二大股东，黄光裕家族的股份由35.98%被摊薄至32.46%。贝恩还拒绝了大股东黄光裕抛来的橄榄枝，正式表态支持以陈晓为核心的董事会和管理层。这意味着陈晓阵营的持股比例将升至约16%——陈晓持股1.47%，原永乐电器高管们持股5%。

对于贝恩资本的态度，黄光裕提名的国美董事候选人邹晓春回应表示："创始股东对贝恩转股欢迎和尊重。"贝恩转股后成为公司股东，将不享受严格条款保护，但其作为股东与大股东之间长期利益和根本利益是一致的。邹晓春同时指出，竺稼曾表示贝恩不跟任何人捆绑，支持管理层并不表示支持陈晓，陈晓不代表国美管理层，国美现有管理层是指王俊洲、魏秋立等一些人，并不包括陈晓。针对贝恩转股后黄氏家族股权稀释问题，邹晓春表示，根据相关法规，大股东还可以继续增持2%。"陈晓是一个麻烦制造者，陈晓的离开有利于解决现状。"邹晓春直言，目前事件的责任人是陈晓，"如果陈晓辞职，将是负责任的表现"。

2.4 争夺的其他因素

2010年8月7日，国美召开紧急会议，要求管理团队无条件支持董事会。曾跟随黄光裕打拼天下的国美元老高层几乎清一色选择了陈晓，重新站了队。在8月12日，国美高层媒体见面会上，曾为黄光裕旧臣的国美五大元老李俊涛、孙一丁、牟贵先、何阳青四位副总裁和首席财务官方巍集体向媒体和公众表态将与董事局共进退。

面对管理层的集体行动，2010年8月27日，黄氏家族在投票前夕向国美电器董事会发出书面通牒:如果股东大会上黄氏家族失败,他们将收回托管给上市公司的372家非上市门面店。一旦非上市门店“独立”,将跟上市公司展开同业搏杀,上市公司将迎来一个孪生的竞争对手,这无疑是国美电器机构投资者最忌惮的一个结局。此前,邹晓春在接受中国证券报专访时还表示,在2004年国美电器上市时,黄光裕将全国22个城市的96家门店装入上市公司,剩余15个城市的39家门店则被他个人掌控,并由上市公司托管经营。经过多年发展,非上市门店已由当初的39家扩大到372家,非上市门店数量占上市门店的1/2。2010年上半年,非上市门店实现销售额96.17亿元,而国美740家上市门店销售额为249亿元。

双方阵营还不遗余力争夺舆论和投资者支持。8月23日,国美高调发布2008年以来业绩最佳的中期财报:净利润9.62亿元,同比增加65.9%,第二季度约130.92亿元的销售收入更是创下国美上市以来的最高单季销售记录。但很快黄氏家族就以规模和收入不及行业主要竞争对手苏宁为由,予以反驳。投票前夕,陈晓、王俊洲一行人又紧锣密鼓地赴美国、英国等地开始机构路演,寻求机构投资者在股东大会上的支持。黄氏家族也蓄势待发,在8月24日、25日通过二级市场连续增持国美0.8%股份。8月30日至31日再度斥资4亿港元,买进1.77亿股。至此,黄光裕持股总量增至35.98%,在股东大会中的话语权进一步加强。

2010年8月6日,国美电器董事会及最高管理层发出致全体员工的一封信,对管理层的决策和行为作出解释。2010年8月18日,黄光裕方面以国美电器大股东的名义,发出了一封名为《我们国美更美好的明天》的公开信,剖析了陈晓在担任董事会主席后,通过三步棋,逐步实现去“黄”化,“陈晓乘人之危,阴谋窃取国美人共同的历史成果和未来的事业发展平台,企图变‘国美电器’为‘美国电器’”,指出陈晓的目的是“联手国外资本,妄图使国美电器这个来之不易的民族品牌沦为外资品牌”。9月15日,黄光裕再次通过媒体发布《致国美股东同仁公开函》。信函称,大股东动议撤销陈晓国美董事局主席的原因是国美业绩严重下滑,有被竞争对手超越的危险。在陈晓主政的第一年,国美的冠军头衔让给了竞争对手苏宁。黄光裕家族核心人士也对外表示:“我们提出罢免陈晓,主要是我们与他有路线之争,他的战略是追求短期效应,粉饰利润,讨好资本市场。”在信中,黄光裕对收回非上市门店经营权、贝恩资本转股等问题的态度有所缓和。

一向精明的黄光裕还有一个后手,那就是其个人拥有“国美电器”商标权。目前,国美电器拥有“国美”品牌在内地和香港的使用权,但所有权却属于黄光裕，而且国美电器的商标使用权也将在2014年到期。届时，国美不得不面临“改名”的窘境。黄光裕一旦宣布提前收回“国美电器”的商标权，那么陈晓掌控的千家上市公司门店将面临转换商标的窘境。

2010年8月30日，北京市高级人民法院宣布黄光裕案二审判决，对黄光裕的判决维持不变：黄光裕被判处14年有期徒刑并罚没6亿元人民币，黄光裕之妻、原国美电器执行董事杜鹃被判缓刑，当庭释放。这犹如一注“兴奋剂”注入黄氏家族，也无疑增加了黄氏家族争夺美国电器控制权的筹码。

3 特别股东大会投票结果

2010年9月28日下午，特别股东大会投票结果尘埃落定：陈晓提议的3名来自贝恩资本的董事获准通过；而黄光裕五项动议中除“撤销董事会拥有的配发及买卖国美股份之一般授权”获准通过外，其余四项均以微弱差距被否决。

4 股东大会后的私下角力

股东大会投票表决让国美电器“控制权之争”暂告段落，但却无法真正化解创始大股东与管理层之间的矛盾。随后，“国美分裂”“非上市门店分拆”等传闻喧嚣尘上，彼此阵营的私下角力仍在持续。

2010年10月20日，复出两个月后，黄光裕的妻子、黄光裕家族新的领军者杜鹃强势出牌。“特别股东大会之后，创始大股东的诉求没有改变。如果在合理的时间内，协商没有进一步明确的进展，创始大股东将考虑终止非上市业务的托管，并再次提议召开特别股东大会”。“创始大股东依然认为，公司过去一年多来的战略方向和经营管理存在严重问题，陈晓先生应对此负责。”除陈晓的去留外，就国美电器董事会席位问题，黄光裕家族还提出了一个新的说法。“创始大股东认为，公司管理层在董事会中占有太多的席位，不利于公司管治。因此，非常有调整管理层代表的董事席位的必要。”杜鹃提出，要用一个“一揽子方案”解决“国美今后的经营发展战略、创始大股东在董事会的合理席位、非上市门店的统一经营”等多个问题。对此，竺稼表示，贝恩资本方面“可以考虑增加国美董事会席位”，并希望能尽快解决非上市门店、董事会席位等“一揽子问题”。

10月28日，黄光裕家族发言人在接受《21世纪经济报道》记者采访时表示：“创始大股东曾经提出解决国美长期稳定发展的‘一揽子计划’，但是，上市公司目前没有为达成‘一揽子计划’与创始大股东进行积极接触，而是采取拖延的方式，继续在排挤和损害创始大股东的合法权益。”他还表示：“目前，对于非上市业务是否继续托管还未有定论，创始大股东将视事态发展作出决定。”不过，黄光裕家族称，其已就“非上市门店可能的独立问题”作出部署。“创始大股东方面也做好了独立经营非上市业务的准备工作，包括团队组建、ERP系统、资金预备、拟定非上市业务发展规划等正在有条不紊地进行。”在表态做好“分拆”准备的同时，黄光裕家族还推出了非上市门店的“5年发展计划”：未来5年，非上市部分计划在全国200个城市的门店总数达到750家，销售规模预计达450亿元。

2010年11月16日晚，国美电器发布公告称，将于2010年12月17日召开特别股东大会，以审议三项议案：“增加许可的董事最高人数，从11人增加至13人”“委任邹晓春先生为公司的执行董事，并即时生效”“委任黄燕虹女士为本公司的非执行董事，并即时生效”。与2010年9·28特别股东大会不同，此次审议的提案不再针锋相对，而是相互妥协。市场分析普遍认为，黄光裕的两名代言人进入董事会，是彼此阵营达成和解的结果，有利于国美的稳定和未来的发展，符合绝大多数投资者的利益。

2011年3月9日，国美电器发布公告，任命原大中电器创办人张大中为国美董事会主席及非执行董事，现任董事会主席陈晓以私人理由辞去董事会主席及执行董事职务。国美还宣布，公司原执行董事孙一丁欲抽出更多时间陪伴家人而辞任公司执行董事，但继续留任公司副总裁职务，国美并委任安永会计师事务所前合伙人李港卫担任独立非执行董事。

与陈晓不同的是，国美新任董事会主席张大中担任的是非执行董事，有权参与董事会各项决策的审议，但不进入管理层，并未获得公司管理的执行职能。作为大股东的黄光裕显然接受了董事会权力过大的教训，非执行董事的角色既可以让张大中贡献其行业专长和经验，同时，还可以制约和监督管理层；而决策层和管理层分开设置更加能够保护股东利益最大化。

至此，旷日持久的国美电器“控制权之争”终于尘埃落定。

案例使用说明

一、教学目的与用途

本案例的教学目的是帮助学生了解公司治理实践中董事会结构与控制权安排的重要性，涉及股本多元化后董事会控制权、企业增发配股股权稀释、内部人控制、小股东成为一致行动人等所带来的一系列风险问题。同时，通过创始人、职业经理人、战略投资者三方的利益博弈过程，帮助学生理解我国家族企业向职业经理人治理转型过程中完善现代公司治理系统的意义和紧迫性。

二、启发思考题

1. 在国美博弈中闪现的身影有国美的实际控制人黄光裕、大股东 Shinning Crown、战略投资者贝恩资本、董事会、作为小股东和董事长的陈晓、职业经理人等，他们在企业法人治理中的各自角色是什么？国美是否有科学完善的企业法人治理结构？是否遵守了法律规定？

2. 在国美博弈过程中，董事会否决了股东会上作出的否决贝恩资本派驻在国美的 3 名董事的决议，强行委任贝恩 3 名代表进入国美董事会。全世界只有大老板炒管理层鱿鱼的份，而国美的董事长和董事会却在酝酿更换大老板。在本次控制权冲突过程中，公众能看到国美强势的董事会和董事长，也能看到纷纷表态支持董事会和董事长的国美管理层。造成这一现象的根源是什么？

3. 贝恩资本在国美控制权之争中扮演重要角色。与之类似，2007 年，娃哈哈集团也曾与战略投资者达能发生著名的“哈达股权之争”。如何评价贝恩资本在国美控制权之争中的角色与作用？在引进战略投资者过程中，企业应该考虑哪些关键因素？如何防范战略投资者可能带来的风险？

4. 在国美博弈中，中国职业经理人的诚信和信托责任再次受到媒体和社会大众的拷问。国美控制权之争的根源是中国职业经理人诚信缺失吗？该如何看待职业经理人的诚信和信托责任，以及健全的公司治理与权力制衡机制在实现投资者利益保护中的作用？

5. 国美控制权之争带给我国家族企业莫大启示。当家族企业规模做大，股权社会化是一种必然选择。对于已经走上所有权和经营权分离的家族企业而言，一个现实的问题是，如何在股权分散化的过程中，保持家族对于企业的合理控制。企业该如何解决家族成员和非家族成员之间的冲突问题？家族企业又如何顺利实现向现代企业制度的治理转型？

三、分析思路

1. 首先考察大股东黄光裕与职业经理人陈晓之间矛盾冲突的表现形式及其本质原因。

2. 考察管理层谋求国美控制权并引发冲突的动机、组织情境与实施策略。

3. 考察创始大股东黄光裕家族为重夺国美控制权采取的具体策略。

4. 考察战略投资者贝恩资本在本次冲突中的意图、立场和策略。

市场营销篇

案例四

中药企业国际化

——天士力药业集团跨国远征

案例正文

0 引言

如果让老外谈谈他们心目中的“中国印象”,“汉语”“中国功夫”“中医药”等无疑将成为谈及率最高的词汇。然而,与世界各国不断流行的“汉语热”“中国功夫梦”相比,我国中药的国际化进程却一路坎坷。尽管各国人士对我国中医药的“望闻问切”之术、“草根树皮”之方颇感好奇,但这并没有为我国中医药在国际市场中赢得应有的地位和重视。

虽然中医药已经传播到世界160多个国家和地区,但依然普遍难以打入国际医药的主流市场,大部分只能在华人圈子里使用。我国不仅有着璀璨夺目的中医药文化,而且有着极为丰富的中草药资源和中医药临床应用经验。然而,与我国传统中医药大国的地位极不相称的是,我国中药在世界市场所占的份额极其微薄:在中成药160亿美元的国际市场份额中,日本占80%,韩国占10%。当日本“救心丹”、韩国“高丽参”打入国际市场,且单品出口就相当于我国全部中药材出口额的50%时,中国人都震惊了!中药国际化绝地突围,进入国际主流市场的路还有多远?在我国中药国际化的远征军中,天士力药业集团(以下简称天士力)自1996年申报美国食品和药物管理局(Food and Drug Administration, FDA)的许可资质开始,便作为我国中药领军企业承担起了中药国际化的历史使命。截至2010年年底,天士力的产品已在全球34个国家进行了商标注册,并以药品身份进入南非、俄罗斯、韩国等16个国家和地区的主流医药市场,更为关键的是,其主打产品复方丹参滴丸以令人惊叹的临床试验数据通过美国食品和药物管理局Ⅱ期临床试验,顺利进入后FDA时代,被业界誉为“中药国际化的突破性进展”。

历经近15年的跨国远征，天士力逐渐铺就了一条成功通向国际市场的“星光大道”，形成了独具天士力特色的国际化模式，在中药国际化进程中取得了斐然的战绩。

1 天士力及其国际化路径发展与现状

1.1 关于天士力

1994年，一个叫闫希军的人带领着十几名军人，以创新性的思路，投身于现代中药的研发生产中，将一个部队医院制剂室改造成的小药厂，创建了天津市天士力联合制药公司，当时注册资本1 200万元。1998年，响应国家要求企业与部队脱钩的规定，闫希军带领21名专业技术干部和27名志愿兵脱下军装，对天士力进行改制，引进浙江尖峰集团股份有限公司作为战略投资者，成为多元化投资主体，使注册资本增加到9 150万元，名称变更为天津天士力制药集团有限公司。2000年4月30日，公司以2000年3月31日经审计的净资产14 000万元，按1∶1比例折股，依法整体变更为天津天士力制药股份有限公司。

2002年，天士力在上海证券交易所A股发行上市(股票代码600535)。截至2010年年底，公司注册资本5.16亿元，总资产54.53亿元，净资产33.07亿元，拥有员工总数3 786人。该公司主要生产以预防性、治疗心脑血管疾病为主的系列药品，主要产品为处方药复方丹参滴丸和养血清脑颗粒。经过10多年的发展，形成了以大健康产业为主线、以制药产业为中心，包括现代中药、化学药、生物制药、保健品、健康食品等一系列产品的制药产品线。2010年，天士力实现营业总收入465 159.11万元，净利润45 030.17万元，实现每股收益0.92元，上缴国家税收43 267万元，公司每股社会贡献值为2.41元。

1.2 天士力的跨国征程

1994年，天士力完成新产品“复方丹参滴丸”大生产试制任务并投放市场。由于企业刚刚起步，公司并没有把企业的视角放在国际市场，而只是把“创传统中药第一品牌，创民族制药第一企业”作为企业的发展目标，把企业目标锁定在国内市场。天士力的国际化肇始于1996年，从天士力的国际化战略历程来看，其进程可以分为三个阶段。

1.2.1 积累和探索(1996—2001年)

1996年，国家科技部选择一批有代表性的医药产品去申报美国食品和药物管理局的许可资质，在国家资助扶持下，天士力公司以复方丹参滴丸参加了申报工作。申报工作重重困难，对天士力原有的过于乐观的国际化观念提出了挑战，同时也启发了天士力开发新兴市场的思路，确立了发达国家市场和新兴市场齐头并进的国际市场开拓思路。因此，天士力在申报美国食品和药物管理局的许可的同时，采用模仿和跟随战略，积极在俄罗斯、韩国、越南、阿联酋等国家运作药品申报等工作。

1999 年，国家科技部等部委确立了“中药现代化”和“中药更广泛地走向世界”的战略目标，选择“中药科技产业”作为切入点，全面推动我国中药产业的发展。天士力充分利用这一契机，积极进行国际市场开拓。2000 年，复方丹参滴丸首次以处方药的形式进入俄罗斯市场，并先后以处方药或非处方药的身份进入韩国、越南、古巴和阿联酋等 16 个国家和地区销售，标志着复方丹参滴丸以药品的身份进入国际市场。同时自 2000 年开始，天士力积极在非洲市场（南非）进行前期考察和探索。总体来看，这一时期天士力的国际市场开拓的一个重要特征就是积累和探索，因为模仿或者盲目开发，这一时期财务效益尚无明显积极表现。

1.2.2　在南非等地区快速扩张(2002—2005 年)

这一时期以天士力南非分公司的发展为典型代表。“走出去战略”发展外向型经济的号召及 2002 年 11 月 1 日《中药现代化发展纲要》对中国中药产业规范发展的支持，为天士力进一步开拓国际市场提供了非常好的“天时”；2001 年，中医在非洲经济最发达的南非取得了合法性地位，南非政府还将草药统一列入了补充药品，这为天士力开拓南非市场准备了“地利”；而前期在南非市场的调研考察，为天士力开拓工作提供了非常好的“人和”，因而天士力抓住时机，于 2002 年成立了“天士力南非分公司”。该公司成立当年销售额不足 10 万美元，转年即至 180 万美元，此后 2 年连续翻番。通过 3 年的探索、开拓，2005 年天士力已经在非洲南部、西部地区相继建立了 8 个分公司、180 余家专卖店，网络涵盖 20 多个国家，经销商人数达 8 万余人。2004 年，天士力确立了“以大健康产业为目标，全面推进国际市场发展”的国际化战略，南非分公司的迅猛发展，是天士力这一时期积极推进其海外发展战略的一个缩影。除了在南非地区外，这一时期天士力在其他地区的国际化步伐也并未停滞。2002 年，复方丹参滴丸又以药品身份在蒙古、中国香港和新加坡注册成功。同时，天士力在越南、俄罗斯、阿联酋、韩国和法国等国设立办事处，国际市场网络正逐步建立。

1.2.3　全力推进(2006 年至今)

2005 年 11 月，商务部认定北京、天津、上海、深圳等 15 个国家医药出口基地后，又于 11 月 29 日会同科技部、财政部等 7 个部委出台了《关于促进医药产品出口的若干意见》,从五个方面提出了实现发展目标的政策措施。2006年,天士力充分利用这一机会,提出“全面国际化,建设创新型企业”战略,全面纵深开拓国际市场。2006年8月,天士力复方丹参滴丸等7种药品赢得南非政府增强免疫力计划的招标,天士力南非分公司成为约翰内斯堡市政府的首家中药产品供应商,下一步将扩大到南非279个地方政府机构以及所有矿业部门。这一时期,天士力在积极开拓市场实现产品国际化的同时,还积极开展资本国际化战略。2006年1月初,天士力在巴基斯坦正式召开复方丹参滴丸产品上市推介会;2006年,复方丹参滴丸在巴基斯坦和印度这两个南亚国家的市场实现成功上市。2007年,非洲等成熟市场继续保持稳定,并保持较高的成长率。2008年复方丹参滴丸被加拿大卫生部批准为OTC药,进入越南医疗保险品种目录,并通过了澳大利亚TGA的认证。2009年,公司主打产品复方丹参滴丸又在菲律宾市场获得了处方药和非处方药双重身份。

在天士力的全面国际化阶段,最引人瞩目的莫过于复方丹参滴丸的FDA入门之战。天士力的复方丹参滴丸于1993年获得国家新药证书和生产文号,1996年向FDA申报IND申请,1997年获得IND证书。但深知FDA规则的天士力集团副总裁孙鹤博士坦言:“当时天士力年销售额仅1 000多万元,在资金、技术、人才和对国际药政法规的熟悉程度等方面都很受限制,进行FDA临床试验的各方面条件都不成熟。”因此,天士力的FDA计划暂时搁浅。但是天士力并没有放弃以药品身份登陆欧美等国际市场的梦想。此后10余年,天士力通过建立GAP种植基地,发展指纹图谱分析和质量控制技术,从原材料开始逐步符合FDA临床试验规范。2006年,天士力再次申请获得IND证书(适应症为慢性稳定型心绞痛),2008年正式启动FDAⅡ期临床,历时18个月,于2009年12月完成Ⅱ期试验。2010年7月,天士力复方丹参滴丸历时3年的Ⅱ期临床试验结果获得了美国食品和药物管理局的认可,并获批在全球多个医疗中心同时进行Ⅲ期临床试验。与此同时,FDA还授予了复方丹参滴丸特殊评估协议(Special Protocol Assessment, SPA)特许的待遇。这意味着FDA对复方丹参滴丸的Ⅱ期临床结果非常满意,希望该药能简化审批环节,尽快上市。这标志着中药国际化迈出了关键和有力的一步,更是公司实现跨越式发展的里程碑。

2 天士力国际化模式及策略

中国中药企业试水国际市场始于20世纪90年代初。三九集团在其创始人赵新先的带领下,1991年就开始在德国、美国、俄罗斯、南非、马来西亚和中国香港等6个国家和地区考察,希望开拓国际市场。1993年,香港同仁堂药膳有限公司开业，从而拉开了同仁堂拓展海外市场，实行走出去战略的序幕。此后，众多中国中药企业纷纷扬帆起航，试图在全球市场为中国的中医药赢得一席之地。根据中投顾问产业研究中心资料显示，2010 年，我国中药进出口额为 26.32 亿美元，同比增长 22.74%。其中出口额 19.44 亿美元，同比增长22.78%。尽管与 20 世纪 90 年代初相比，当前我国中药在国际市场已经取得了巨大的进步，但中药国际化的坚冰依然未破，中药在国际化市场上的发展和国际传播依然面临着巨大的瓶颈。

天士力在跨国远征的破冰之旅中，不断创新中药国际化的模式和策略，用实实在在的国际化业绩打破了中国中药行业国际化发展的“坚冰”。在中药国际化进程中，天士力开辟出了一条中药国际化的创新之路，形成了国际贸易和国际直销两个业务板块、两个组织体系，确立了从发展中国家向发达国家拓展，以直销为龙头、带动分销的国际市场营销模式，形成了四区一点的市场布局（“四区”即以马来西亚、韩国为中心的亚洲区，以法国为中心的欧洲区，以美国为中心的北美区，以南非、尼日利亚为中心的非洲区；“一点”即俄罗斯）。

2.1　国际化的脊梁：天士力国际化战略架构

内涵：一切围绕符合国际化的要求、符合国际化的理念，构筑大健康产业的发展思路，为“十一五”期间进入百亿元企业集团行列奠定基础。

具体内容：一是产品国际化；二是资本国际化。以国际产品市场和国际资本市场的紧密结合，带动研发、生产、经营和管理的整体提升。

产品的国际化，实施“三步走”战略：一是利用直销的方法，在发展中国家，采用全员性、广覆盖的直销形式，迅速覆盖市场；二是利用代理制分销，瞄准不具备直销发展条件的市场和欠发达地区的市场，寻找有营销能力、有区域影响力的公司，进行专业化的分销，迅速以点带面占领市场；三是以科技化和专业化的营销模式，走临床医学推广道路，通过发达国家的药政法规批准，进入发达国家的处方药主流市场。

资本的国际化，采用三种模式：一是要利用品牌优势、科技创新和市场营销能力，广泛吸纳发达国家的战略合作伙伴，进入天士力发展平台，多元化地进行合作；二是以资本投入为纽带，走出去，以适合我们发展的项目进行战略合作投资，建立国际发展平台；三是进行策划包装，以集团为核心，选择适合国际资本市场的机会，集团整体上市，进入国际资本市场，实现全面的资本国际化、资产证券化。

具体要求：把一切思想集中到企业发展战略和经营理念上来；把一切行动统一到全面国际化的方向和目标上来；把一切工作流程、产业规划融入到大健康产业上来；把一切数据、结论提升到准确、科学的标准上来；把一切行为准则统一到确保产品质量上来；把一切承诺体现到为客户优质服务上来。

2.2 向左还是向右：天士力的国际营销模式选择

在中药企业抢滩国际市场的进程中，以什么样的营销方式让顾客为中药产品买单显得至关重要，它直接决定着中药企业在国际市场中的市场份额和企业的国际化绩效。天士力在国际市场中营销实践的成功，源自于天士力的不断摸索，形成了独特的营销模式。在进军海外市场的中药企业中，“分销代理模式”和“以医带药模式”是采用最为广泛的两种市场营销模式。

(1) 分销代理模式。采用分销代理模式的中药企业在目标市场区域内寻找一个或若干个中药销售代理商，由代理商分销企业的中药产品。分销代理模式的优点在于营销成本较低，中药企业只需要选定销售代理商，将中药产品交给代理商即可，所有营销活动均无需过问。尽管分销代理模式免去了中药企业应对国际市场顾客需求的诸多麻烦，但分销代理模式的缺点也显而易见。采用这一模式的中药企业无法控制市场终端，缺乏市场主动权，而且，将所有营销环节交给代理商，企业无法充分发挥营销策略的组合效应和杠杆作用，从而使企业的中药产品淹没于代理商所代理的大量产品之中，无法使中药产品形成规模，使中药产品的品牌效应丧失殆尽。

(2) 以医带药模式。采用以医带药模式的中药企业依靠在药店设立中医药门诊部、坐堂医生等方式，来提高公司的中药产品在国际市场中的销售额度。同仁堂是采用这一模式实施国际扩张的典型代表。熟悉同仁堂的人都知道，在同仁堂的药店里一般都会有坐堂医生为顾客把脉开方，而顾客则依据医生的医嘱在同仁堂的药店里照方买药。这种模式通过坐堂医生与顾客之间的面对面交流与接触，能够更好地让顾客了解中医药的基本知识和基本原理，从而有利于更好地传递传统的中医药文化。同时，通过医生与顾客之间的互动和接触，能够让海外消费者切身体验传统的中医药，从而提升海外顾客对中医药的认可度和接受度。但是以医带药模式仅仅只能靠医生对光顾药店的海外顾客进行中医药知识和原理的简单介绍，缺乏对海外潜在顾客的大规模的中医药知识教育，使中医药在国际化过程中缺失广泛的教育体验，导致主流消费者接受困难。而且，以医带药模式的教育体验场所集中于企业的海外连锁药店，受海外连锁药店数量以及海外连锁药店扩张难度的影响，这种模式会极大地影响企业的海外市场占有率，使中医药理念和知识在海外较难得以广泛普及。

(3) 天士力国际市场营销模式。尽管上述两种模式被众多中药企业广泛采用，但天士力并未模仿和学习分销代理模式和以医带药模式，而是开创性地在营销实践中实行“以教育为先导，直销＋体验营销”的独特方式，构筑了“直销为龙头、带动分销的国际市场营销模式”平台。天士力国际营销控股有限公司总经理戴标认为，中药之所以在国际市场难以推广，其根源之关键在于中西方之间的文化差异。为了克服这种文化差异对中药国际化带来的不利影响，必须对海外顾客进行大量的、广泛的教育，从而培养出大量能够真正认知和认可中医药的顾客。在此基础上，企业在海外进行中医药连锁诊所、药店的布局和建设，让接受过中医药教育的大量顾客能够进行真正的中医药诊疗体验，发挥体验营销的作用，从而最终形成“单一产品营销—文化—教育—医疗体验—产品”的全方位营销架构。正是凭借这一创新的营销模式，天士力在海外培养了大量的了解中国中医药文化和中医药理念的现实和潜在顾客，形成了良好的顾客基础。天士力借此基础顺势而为，通过建立海外连锁药店和医疗诊所，通过直销方式进行产品的销售。以此同时，对海外顾客的大量教育不仅能普及中医药文化和理念，也能够让顾客更好地对天士力品牌形成良好的认知，从而带动分销渠道中的销售增长，真正形成以直销为龙头、带动分销的国际市场营销模式。

2.3　破冰之利器：天士力国际化实践及其关键举措

尽管1997年获得了FDA的IND证书，天士力通往主流医药市场的大门并未顺利开启，但却让他们真正认识到了冲击国际市场的重要性、必要性和复杂性。1998年企业改制成功后，天士力立即确立了“基础市场在国内，目标市场在国外”的营销策略，逐步踏上了跨国远航的征途，开始了中药国际化的破冰之旅。在天士力的国际化实践中，国际化战略架构和国际市场营销模式起到了纲领性的作用，奠定了国际化运作的基础，它们犹如天士力国际化大厦的基石和框架。但仅有这些并不能保证天士力在跨国远征中能够一帆风顺，为了取得进军国际市场的绝对性胜利，天士力还适时的采取了多种关键举措，这些举措犹如天士力国际化大厦的砖瓦水泥，它们与天士力国际化战略和国际市场营销模式相互嵌入，最终确保了天士力国际化大厦的完美和稳固。

策略之一：正确选择支点，巧借政策杠杆之力

阿基米德曾说：“给我一个支点，我就能撬动地球。”天士力在国际化过程中，就充分地运用了国家政策的杠杆作用，立起了国际化的“支点”，适度用力，撼动国际市场。改革开放前，中医药不具有进入国际市场的条件和机会。改革开放后，尽管中药企业初步具有了进军国际市场的可能，但由于对国际市场环境的陌生和市场经济规则的认识不足，使单凭中药企业自身的能力闯荡国际市场变成了天方夜谭。进入20世纪90年代，我国政府逐渐意识到了中医药国际化的重要性，逐渐制定相关政策，发挥政府对中医药国际化的推动作用。天士

力充分认识到了政府政策对中药企业国际化所能发挥的巨大杠杆作用，紧扣政府政策的内涵和主旨，逐渐开展了公司的国际化实践。

1996年，国家科技部率先开展“中药现代化发展战略研究”，并且决定选择一批具有代表性的医药产品去申报美国食品和药物监督局的许可资质。天士力紧紧抓住了国家的政策资助扶持，以复方丹参滴丸参加了申报工作。尽管美国FDA近乎苛刻的要求和审批程序使天士力最终未能继续开展复方丹参滴丸的申报临床试验工作，但却触动了天士力的国际化神经，将天士力推上了国际化之路。1999年，国家科技部等部委经过长期调研，确立了“中药现代化”和“中药更广泛地走向世界”的战略目标。2002年11月，由科技部等8个部委等共同制定了《中药现代化发展纲要(2002—2010年)》，并由国务院办公厅转发。这是我国第一部中药现代化发展的纲领性文件，提出中药产业要“立足国内市场，积极开拓国际市场”。紧扣国家政策，天士力加快了国际化步伐，在国际化战略稳步推进的同时，顺利打开了非洲市场并获得了迅猛发展。2005年，商务部等8部委联合发布《关于促进医药产品出口的若干意见》，同年，天津被商务部认定为15个国家医药出口基地之一。天士力再次借助国家政策优势，与时俱进地在2004年确立了“以大健康产业为目标，全面推进国际市场发展”的国际化战略，2006年又提出“全面国际化，建设创新型企业”战略，全面纵深开拓国际市场。同样，在2006年，天士力再次申请获得IND证书，FDA临床试验进入全速发展阶段。

策略之二：大力传播中医药文化，让文化为营销开路

医保商会综合部主任许铭认为，中医药国际化，立法是基础，标准化是关键，文化认同是根本。中医、西医是两个不同的体系，如果没有文化的认同，就不会有对中医药学体系的认同。正是基于此，天士力在国际化进程中不遗余力地进行中医药文化的普及传播工作。为了能较好地开展中医药文化传播活动，天士力至今为止组建了800人左右的培训队伍(讲师)，印制教育培训教材20余套，培训场次3万多场。据媒体披露，为加深南非人民对中医药的了解和认知，天士力南非分公司自2002年成立以来定期举办医学健康培训班，并将此举扩大到天士力在南非其他地区的各个分支机构，目前已在南非培训近200万人次。为使当地人民了解、接受来自中国的中医药产品，他们采取“体检＋培训”的方式，让患有心脑血管等疾病的人有针对性地免费服用体验复方丹参滴丸等现代中药。因治疗效果十分显著，许多人将其作为生活中必备的保健药品，到目前约有400多万人服用体验复方丹参滴丸等现代中药，占了南非总人口的1/10。此外，天士力还专门邀请国内防治艾滋病的著名专家、学者到南非开展讲

座和义诊，赞助南非防治艾滋病网站，通过网络普及防治艾滋病知识并推介具有提高免疫力功能的重要产品。目前，天士力这种产品已列入约堡公务员防治艾滋病计划。

为了尽可能地消除中国与东道国文化背景的巨大差异，天士力在宣传中药文化的基础上，采取体验营销方式为中药产品进入东道国做铺垫。除了采用举办培训班的形式进行文化传播，天士力还通过对国外医药专家以及海外代理商客户进行产品、中医中药、中国文化、天士力企业文化等多层次、多级别、多形式的培训和推广；天士力多次开展让直销商参观天士力总部的活动，让他们了解和熟悉中国文化和天士力；邀请直销国家的媒体记者到天士力参观和学习，以扩大影响，树立良好形象。为了深化文化宣传和培训的效果，天士力还建立中医药连锁诊所，将接受过文化宣传和培训的顾客发展为会员，并通过诊所为他们提供优质的中医药体验服务，让他们从更深的层次上认同和接受中医药文化。2009 年，天士力已在南非、尼日利亚、印度尼西亚成功开办中医诊所 3 家；2010 年又新增 8 家诊所；2015 年，天士力在全球范围内的中医诊所数量超过 50 家。

策略之三：产品标准化与适应性并举，彰显产品策略柔性

由于中药本身的特殊性和独特性，在国际市场的销售与推广过程中面临着与化学药竞争的风险，以及东道国的贸易保护壁垒。尼日利亚为了保护本国的香皂等日常消费品以及普通药品生产商的利益，通过立法禁止进口外国的香皂，即使是功能性香皂也不例外；同时对食品和保健品，设定了 30%～40%的关税，使天士力的功能性香皂无法出口尼日利亚市场。为应对竞争挑战，天士力积极调整产品出口结构，设计并推出适应于尼日利亚需求的产品，从而避开和减少了关税壁垒风险。

美国等发达国家市场对中药产品进入其市场设置了非常严格的标准，“安全、有效、质量可控”，是 FDA 试验研究的基本原则。然而这一原则下定出的标准是建立在单一成分西药的基础上的。就质量可控而言，大家知道，绝大多数中成药都是由几种、十几种药材按照一定的比例配伍，炼制而成。每种药材中又常常含有几种、几十种甚至数百种组分或单体成分。有着如此复杂化学成分的中成药要像单一成分的西药一样做到质量均衡可控其难度可想而知，有人比喻，这好比中药界的哥德巴赫猜想。为了能够顺利打开欧美发达国家医药市场的大门，天士力采取了打造国际品牌，与现代科学技术相结合，开发中药产品的道路。此外，为了提高产品与西方化学药的竞争能力，天士力还选择了与西药相比适应症最好的中药产品进入国际市场，并且积极进行产品的国际注册和国

际认证。例如，主导产品复方丹参滴丸，其低毒、速效、多靶点起效的产品优势，受到了众多国家的病患欢迎。同时，为了消除竞争者产品仿制的竞争风险，天士力非常注重专利申请和中药品种保护工作，目前仅为主导产品复方丹参滴丸即在国内申请专利189件，国际申请专利72件。为迎合新兴市场购买力低的特点，天士力在新兴市场上还努力打造低价优质的品牌形象。

策略之四：打造东道国政府关系，获取政府资源

争取当地政府支持，是天士力开拓新兴市场的重要手段。天士力经常邀请东道国政要访问天士力总部，同时与东道国开展合作计划，帮助东道国发展公共医疗卫生事业，受到很多东道国政府的欢迎。通过与政府的一系列合作，天士力的企业文化在目标区域实现了较广的普及和覆盖。

仅以南非为例，天士力进入南非后，曾多次到政府机关讲授中医药文化，让患病人员尝试对症的天士力现代中药，邀请南非政府、约翰内斯堡市政府及有关机构的要员到天士力集团参观，使其通过服药体验、社会反响和实地考察，对中医药文化和与天士力合作充满信心。天士力集团总裁闫希军特别设立了价值100万兰特（南非当地货币，约合110万人民币）的"闫希军天然医药奖学金"，资助优秀经销商在南非著名的"天然健康学院"参加为期10个月的专业医学培训，获得毕业证书的学员都将成为南非国家认可的社区卫生工作者。2006年8月，天士力复方丹参滴丸等7种药品赢得南非政府增强免疫力计划的指标，天士力南非分公司成为约翰内斯堡市政府的首家中药产品供应商，下一步将扩大到南非279个地方政府机构以及所有矿业部门。此外，天士力与南非医疗合作保险公司合作，即将成为非洲大陆第一家被列入医保目录的中国中药企业，南非天然医药专业委员会还将天士力接收为会员，特向天士力集团总裁闫希军颁发了"传统医药杰出贡献奖"。

策略之五：挖掘人才潜力，构建核心团队

因天士力的国际化主要是产品销售，天士力面临的一个重要问题就是国际化销售和管理人才的培育和选拔问题。由于信息交流和传递等问题，单纯采用人力资源本土战略，风险很大，很容易诱发倒戈等问题；而语言、文化背景等差异，全部采用本国人才进行国际化市场开拓，又很难揣摩消费者心理和行为习惯，很难把握市场。因而，天士力在开拓新兴市场中，采用了外派和本土化相结合的人才管理战略，外派优秀管理人才，同时培育当地销售团队。针对不同国际化人才，天士力开展了不同的培养计划。

对于海外人员管理来说，外派人员常年在外，与家人分离会导致人员不稳定。尤其目前天士力海外直销分公司普遍在非洲和东南亚等非发达地区，生活

条件较差，起初几年人员流动非常大，业务不稳定。在此情况下，天士力近年来主要选择未成家的年轻人，在公司总部集中培训3～6个月后派往海外分公司。这些人工作热情较高，基本没有太大的家庭阻力，所以基本上可以稳定地在海外工作3年左右。为培育和选拔外派管理人才，天士力提高海外人员入职门槛，海外直销人员在派到海外之前，加大出国前的培训，包括产品培训、拟进入国家的人文培训、海外生存培训等专业技能、生存技能培训，使其很好融入和适应当地市场；同时在海外直销公司，招聘当地的保安人员保护营销场所和住宿所在地，保障外派人员的人身安全；建立海外人员动态的考核薪酬体系，为正确评估外派人员业绩，更好刺激其对公司贡献提供帮助。

培育属地营销团队拓展非洲市场，是天士力重要的国际人才战略。目前，天士力在非洲采取"培训＋体验""营销＋消费"的方式，造就了一支数量可观的营销团队，仅南非就达12万人。在选拔代理商时，天士力非常关注产品的注册完成时间、产品的订货量、销售计划、产品商标使用权等控制海外代理商的条款；同时广泛采用同一个产品由多个代理商负责的方式进行国际推广，以此通过代理商之间的竞争来加快产品的销售速度。

除此之外，为了尽早地通过美国FDA资质认证，获得进入发达国家主流医药市场的通行证，天士力不惜重金延揽核心人才，为进军国际市场开路。天士力聚集了一批海外归来的专家、博士，这其中有的甚至在海外做到了高层。据天士力人事部门提供的数据显示，这里拥有由48名博士、173名硕士和1 100多名本科生组成的人才团队。现任中国天津天士力集团副总裁的孙鹤博士是天士力海归中具有代表性的一位，在美国FDA工作13年，并已经做到了技术管理的最高层。与闫希军的几次深谈，来天士力的几次考察后，孙鹤被天士力的发展深深打动，为天士力的事业所吸引，2006年毅然放弃FDA丰厚的待遇，舍家来到天津。孙鹤博士1982年毕业于上海医科大学，1986年进入美国哈特福德医院临床药理学部后临床医学研究部任研究员，1993年获美国康涅狄格大学临床药理学和生物药学博士，随后直接进入美国食品和药物管理局工作。由于在科学与法规方面的特殊贡献，7年内即由一般评审官跃升为FDA临床计量药理学首席科学家和最高级别评审官(GS-15)、美国联邦亚裔执行官联席会成员。孙鹤是一位深知FDA规则的人，并深知其中的奥秘，也深知其中的艰辛。他知道，在FDA的历史上还从没有一个复方中药通过临床试验，就连日本的汉方药、韩国的传统药都几次知难而退。复方中药如何评价？怎样按照FDA的标准进行临床试验研究，FDA没有先例。以孙鹤为核心，天士力组建了一支优秀的富有FDA申报经验的团队。熟悉欧美药物管理规则，对比中外差异，是孙鹤来到天士力后与他的团队首先研究的内容。经过系统研究，他们发现了其中关键点，并及时在技术上进行了调整。孙鹤说，问题的关键是我们怎样根据复方丹参滴丸的特点，提出一套既符合FDA规则，又保持复方丹参滴丸中药特点的临床试验研究方案和标准，这个方案和标准在FDA的已有案例中是无处可查的。凭借着团队的汗水和智慧，天士力的复方丹参滴丸于2006年再度获得美国FDAⅡ/Ⅲ期临床试验批件。2010年，复方丹参滴丸FDAⅡ期临床试验研究圆满完成，即将进入FDAⅢ期临床试验。这一具有历史意义的开创性试验，开启了中药国际化的历史篇章，书写了FDA从未有复方中药通过的历史。目前的天士力正全力以赴组织全球规模的复方丹参滴丸Ⅲ期临床试验，许多跨国企业和金融机构也开始竞相与其联系。不久的将来，复方丹参滴丸将作为第一个堂堂正正的中成药走入欧美主流医药市场，成功实现中药现代化与国际主流医药市场的对接。

策略之六：积极管控渠道，适时掌握主动权

目前，天士力在国际新兴市场上形成了代理制、海外办事处服务和海外直销公司销售的多渠道营销体系。对于渠道管理，天士力所采取的管理策略有如下几个方面。

第一，建立代理商选择体系，天士力海外代理商主要通过展会宣传、政府推介、网站宣传以及海外办事处在目标国家直接寻找。对于这种“广撒网，重点开发和培养”的代理商的渠道开发策略，天士力初步建立了代理商选择的准入标准，这包括经营实力、诚信度和专业推广能力，对于代理品种和销售任务都有明确规定。在企业文化认同方面，天士力非常乐于和认同现代中药的国外代理商合作。

第二，加大渠道支持力度，提高代理商依存程度。对中药这种国际市场还比较陌生的产品，天士力加大对新兴市场海外代理商的培训和市场推广支持力度。比如，越南每年累计大约100多名由代理商组织的医院专家到天津天士力集团参观并进行学术交流，吃、住甚至在国内旅行观光费用均由天士力承担，这种模式大大提高了复方丹参滴丸产品在越南的专业推广力度，提高企业品牌，为代理商对丹参滴丸在越南的销售提供了非常好的支持。又如，天士力每年都会选择优秀的直销经销商来中国参观企业，旅游观光，甚至把排位前三名的经销商的脚印印在公司总部的“星光大道”上。这些举措，大大激励了经销商的销售热情，使得直销这种松散的渠道关系得到稳固和加强。

第三，采用独家代理制，避免渠道水平冲突。天士力在新兴市场选择代理商都是独家代理模式，也就是说对一个或多个产品，天士力在一个国家或地区只选择一家公司作为独家代理商，其他产品另外选择该地区代理商时，绝不会对产品品种产生冲突。这种分产品的独家代理商选择机制，从根本上避免了多家代理商经销同个或同类产品的水平渠道冲突，有利于提高代理商的积极性，降低销售难度，消除市场混乱。

第四，加强海外直销公司和办事处管理。天士力在新兴市场上有多家办事处和直销公司，如何对于这些远在海外的分支机构进行管理，从而在组织方面保证海外营销目标的实现，是天士力海外营销渠道管理的重点工作。天士力在国外分支机构实行有效的财务预算制度，加强海外分支机构人员管理与绩效考核，企业通过开展人员培训、企业文化渗透等培养出一批忠实于企业的人才队伍，为海外营销建立起组织保障。

第五，自行注册产品，降低代理商风险。在韩国、越南经历产品注册和代理商更换危机后，天士力一改之前依靠代理商注册产品并销售的模式，成立国际注册部，由企业自行对产品资料进行整理和申报注册，最终持有产品在注册国家的注册证书。这样，对代理商的依赖程度大大降低，在代理商产品销售不利，以及在信誉问题的处理上，天士力有了主动权。从代理商层面上来讲，由于担心失去代理权，更能够积极开拓市场，完成销售指标，并且尽量遵循职业道德，避免损害合作公司利益。这从根本上降低了代理商风险，也降低了更换代理商的成本。

3 尾声

2010 年 8 月 7 日，“现代中药国际化产学研联盟启动暨复方丹参滴丸 FDA Ⅱ期临床试验结果报告会”在北京钓鱼台国宾馆隆重开幕，本届大会由天津市人民政府、国家卫生部主办。全国人大常委会副委员长桑国卫出席报告会，中国科学院和工程院部分院士、各省市医药卫生部门负责人、中医药业专家、“联盟”成员单位负责人以及新闻媒体记者等 400 余人与会。会议宣布：“复方丹参滴丸成为我国第一例圆满完成美国食品和药物管理局（FDA）Ⅱ期临床试验确证其安全、有效，并即将进入 FDAⅢ期临床试验的中成药”；会议同时宣布“现代中药国际化产学研联盟正式启动”。

中国工程院院士、“重大新药创制”科技重大专项技术副总师张伯礼认为：“复方丹参滴丸成功进入 FDAⅢ期临床试验，标志着中药国际化迈出了关键和有力的一步。”复方丹参滴丸作为中药产品的代表，十几年来在现代化、国际化过程中几经周折的实践之路，证明了中药在研发生产、临床评价等各个方面取得了长足进步，这些综合成就得到了国际的认可，提升了中药现代化研究的水平。“现代中药国际化产学研联盟”，是由天士力牵头实施的“‘重大新药创制’科技重大专项”——“现代中药国际化产学研联盟建设”项目。该联盟由天士力与北京大学、天津大学、北京中医药大学、天津中医药大学以及扬子江药业、修正药业等17家学校和企业共同组建，是一个政府推动、企业为主、院所支持、市场化运作的实体。目前，国家对中药国际化的重视，已经推进到战略实施阶段。而联盟的启动，将集成产学研各方面研发、技术、人才、资金等要素资源，以要素合力突破制约瓶颈，打破中医药国际化进展缓慢的僵局。该联盟将通过机制的作用，把复方丹参滴丸FDA临床试验转化成的资源，服务于更多的企业，使中医药进入国际医药主流市场少走弯路、规避风险。该联盟投入运行后，将筛选国内具有代表性的优秀中成药品种，按照国际标准进行全面系统的研发与开发，将突破质量、安全性和临床疗效评价等各项关键技术障碍，与国际标准接轨，以创新药物进入国际医药主流市场。以联盟为依托，形成中国中药国际化的合力。“抱团出击”将是中药新一轮跨国远征的必由之路。

案例使用说明

一、教学目标与用途

本案例教学目的在于通过案例学习和讨论，让学生深入理解企业国际化战略的制定、国际化进入模式的选择、国际市场营销模式的构建、影响企业国际化的关键因素以及企业在国际市场实践运作中获取成功的关键举措和策略。

二、启发思考题

问题可以从天士力成功通过FDA Ⅱ临床试验入手，采用逐步推进的方式，促使学生思考中药企业如何通过国际化战略布局和国际化策略以及国际营销策略的灵活应用，成功进入国际市场。

1. 天士力进军新兴市场和发达国家市场的模式和策略有何差异？为什么要采取不同的模式和策略？

2. 天士力的国际营销模式与其他中药企业的营销模式有何差异？天士力为什么要采取不同于其他企业的营销模式？

3. 天士力国际化进程中所采取的关键策略对其国际化的成功发挥了哪些作用？

4. 天士力为何要历时10余年，花费巨大代价力争通过美国FDA资质认证？

5. “现代中药国际化产学研联盟”在天士力国际化网络体系中将发挥什么

样的作用?

三、分析思路

对本案例的分析应该紧密围绕"天士力如何在国际市场实现成功扩张"这一关键问题。为了全面系统地解构这一问题,在引导学生进行案例分析时,可以依循以下思路:

第一,厘清天士力国际化的进程脉络。任何一个企业的国际化进程都不是一蹴而就的,但在国际化进程中对国际化时机、国际市场区域以及市场营销模式选择的差异却蕴含着不同企业之间国际化战略决策和国际市场营销模式体系的差异。梳理清楚天士力的国际化历程,可以帮助学生对天士力不同时期国际化时机、国际化节奏和速度的把握,在清楚勾勒出天士力国际化版图的同时,也有利于引导学生对天士力国际化战略决策和国际市场营销模式选择进行深入思考。

第二,清晰把握天士力的国际化战略架构和国际市场营销模式。在掌握天士力国际化发展脉络的基础上,进一步地分析需对天士力的国际化战略架构和国际市场营销模式选择进行把握。对天士力国际化进程的梳理和认识仅仅是让学生熟悉天士力国际化的行为表象,在此基础上引导学生深入探讨和分析天士力的国际化战略架构和国际市场营销模式,能够让学生由表及里、由浅入深的对天士力国际化进程进行透彻的认识,从而将天士力的国际化运作与其国际化战略架构和国际市场营销模式相结合,对天士力国际化进程形成整体、全面、系统的认知,为案例的思考和透彻分析奠定基础。

第三,充分认识天士力国际化进程中的关键策略。依据上述对天士力国际化进程、天士力国际化战略架构和国际市场营销模式的分析,需进一步展开讨论"天士力是如何进入新兴国家市场和发达国家市场""在不同的市场中如何灵活应用各种策略保证其国际化战略成功实施"等关键问题。启发学生思考中国中药企业国际化面临的困境,从而让学生深入思考企业如何突破国际化瓶颈和困境,实现企业的跨国战略目标。鼓励学生通过天士力的案例探寻影响中国企业走入国际市场的关键因素,思考中国企业国际化实践与经典国际化理论、国际市场营销理论的契合点和差异性等问题。

案例五
云南白药牙膏的营销策略

案例正文

1　云南白药集团公司的背景

云南白药由云南民间名医曲焕章于1902年创制，具有止血愈伤、活血散瘀、消炎消肿、排脓去毒之功，主治内脏器官出血、妇科血症、刀枪伤、跌打损伤以及慢性胃炎、十二指肠溃疡等疾病。云南白药问世百年，因神奇的疗效而享誉海内外，被誉为“中华神药”“中华瑰宝”等，堪称中华传统医药中最响亮的品牌之一。

在周恩来总理的亲切关怀下，1971年云南白药厂正式成立，告别了简单粗陋的手工作坊，开始走上了专业化生产发展的道路。

1993年，云南白药成功改制并上市，步入了现代企业发展的行列，成为云南省第一家A股上市企业。

1995年，云南白药散剂、云南白药胶囊、宫血宁胶囊、热毒清片、云南白药酊、云南白药膏等6个产品被列为国家中药保护品种。其中，云南白药散剂、云南白药胶囊为国家中药一级保护品种，保护期20年，保护期从1995年8月17日至2015年8月17日，这是目前国家对中药最高级别的保护[全国仅有云南白药(散剂、胶囊)、福建漳州片仔癀享有此殊荣]；其余品种为二级保护品种，保护期7年。

1996年，云南白药实业股份有限公司投资控股大理药厂、文山药厂和丽江药厂，组建云南白药集团股份有限公司，实现了云南白药生产经营的“五统一”，即统一生产计划、统一批准文号、统一商标、统一质量管理、统一销售管理。“五统一”不仅有效降低了企业的长期平均成本，而且促进了市场的集中，原来企业间的相互恶性价格竞争格局得以改善，使企业能把工作重点转到以产品开发和市场服务上，避免了三七产业的那种无序化发展。

2000年8月，“云南白药”“云白药”和“云药”三个商标注册成功；2001年，

“白药”商标注册成功，取代了原来的“云丰牌”商标。

2002 年 2 月，“云南白药”(中药)商标被国家工商局认定为中国驰名商标。

2009 年 12 月 9 日，云南省文山州政府将所持云南白药集团文山七花有限责任公司 43.24%的股权，以及文山州制药厂的其他资产全部无偿转让给云南白药集团公司，意味云南白药集团实现了对云南白药 100%的控制权。

2009 年年末，云南白药股票市值达到 323 亿元，在中国上市公司市值管理百佳排行榜中，云南白药在生物医药行业排名第一位。

云南白药品牌价值如表 5-1 所示。云南白药集团公司 1999—2009 年的经济指标如表 5-2 所示。

表 5-1　云南白药品牌价值

年　度	排　名	品牌价值(亿元)
2009	128 位	63.15
2008	273 位	28.11
2007	257 位	26.19
2006	250 位	25.50
2005	265 位	23.83
2004	263 位	21.81

(资料来源：世界品牌实验室发布，云南白药集团网站。)

表 5-2　云南白药集团公司 1999—2009 年的经济指标

年度	营业收入(万元)	同比增长	利润总额(万元)	同比增长
1999	24 123.23	—	4 520.71	—
2000	80 640.50	234.29%	6 040.00	33.61%
2001	90 029.93	11.64%	8 171.68	35.29%
2002	110 094.25	22.29%	11 820.88	44.66%
2003	134 483.44	22.15%	13 233.75	11.95%
2004	183 231.22	36.25%	21 234.73	60.46%
2005	244 839.50	33.62%	27 745.07	30.66%
2006	320 033.55	30.71%	33 704.29	21.48%
2007	411 571.69	28.60%	39 715.81	17.84%
2008	572 319.87	39.06%	55 524.97	39.81%
2009	531 042.14	—	484 82.22	—

(根据云南白药集团公司年报数据整理。2009 年的销售数据是前三季数据。)

2　云南白药集团对中国牙膏市场的深度剖析

云南白药以其独有的功效自诞生以来就受到社会的广泛关注，对云南白药功效的研究也一直未有间断，虽然积累了来自临床和民间的有关云南白药用于口腔疾病治疗的论文与经验，但如何将云南白药更好地运用于口腔疾病的治疗与保健仍需要深入的市场分析。在市场的探寻中，五个惊人的市场发现让公司决策层看到了云南白药的新机遇。

2.1　五个重要的市场发现

发现一　“药妆”产品在世界个人护理产品上崛起

据国外权威数据资料显示：“在国外，有 1/3 的化妆品含有活性配料，药妆品拥有巨大市场。在国外圣诞节之前，每 3 美元的护肤品花销中，就有 1 美元是花在某药妆品牌系列产品上的。”在日本，有 16 000 家被称作“药妆店”的店铺，将药品、化妆品、日用品放在一起经营，数量甚至还超过了专业的药店。

发现二　中国 90%的成年人都有不同程度的口腔问题

依据第二次全国口腔健康和行为流行病学调查结果分析，我国城市 35～44 岁年龄组刷牙率已达 85.65%，但达到口腔卫生良好指标的中仅占 0.22%。据报道，在我国牙周病的患病率达到 99.4%，患病率远高于龋齿的患病率，已达龋齿的近 2 倍。牙龈出血、肿痛、口腔溃疡等是成年人常见的口腔疾病，也是危害口腔健康的最大“杀手”。牙周疾病也是引发心脑血管疾病、糖尿病、胃病、关节炎的重要因素。

发现三　临床和民间早就运用云南白药治疗口腔疾病

从 20 世纪 50～90 年代就有数十篇公开发表的云南白药用于口腔疾病治疗的论文的支撑。

发现四　传统牙膏解决的大多是牙齿的问题，是防蛀和清洁的问题

科学表明，清洁是牙膏必备的基础功能，防蛀主要是儿童期需要解决的，成年人口腔问题大多是体现在牙龈和口腔内的多种问题（牙龈出血、肿痛、萎缩，口腔溃疡）。

发现五　低质牙膏中粗糙的摩擦剂也是造成牙周疾病的隐形杀手

粗糙的摩擦剂因其硬度过高、大小不均、外形多棱角，很容易在刷牙时磨损牙龈，造成牙龈损伤，诱发牙周疾病。这说明虽然通过十几年大众媒体的宣传教育，我国城市民众普遍采取了每天刷牙这一自我口腔保健行为，但是对刷牙的效果并没有给予足够关注。同时这种状况也显示，我国目前的洁牙方式和洁牙产品存在重大的功能缺陷。

2.2 国内牙膏市场分析

2.2.1 中国牙膏市场平稳增长

随着中国经济的快速发展，人民物质文化水平的提高，中国牙膏市场一直呈现稳步的增长。有关统计数据显示，2003 年中国牙膏行业实现销售收入 72.51 亿元，2004 年中国口腔清洁用品市场规模达到 70 亿元，2005 年中国牙膏产量达到 64 亿支，销售额达到近 80 亿元，2006 年牙膏产量达 74 亿支。2008 年，全行业共生产牙膏 73.89 亿标准支(65 g)，实现产值 175 亿元。2008 年第四季度以来，受国际金融危机的影响，全行业 55 个规模以上企业一度出现负增长。有关数据统计显示，2009 年全国牙膏零售总额为 100.5 亿元。

2.2.2 中国牙膏市场潜力巨大

中国城市居民有 1/3 人群没有良好的刷牙习惯(即未能每日早晚两次刷牙)；而在广大农村地区，约有 57%的人不刷牙，农村目标消费群人口基数在 5 亿以上。因此市场潜力非常巨大。

2.2.3 现有牙膏产品多以防蛀、美白、口气清新等功能为主

通过对现有产品的分析，传统牙膏解决的大多是牙齿的问题，即注重防蛀、清洁和美白的作用，很少关注口腔健康问题。然而，中国 90%的成年人都有不同程度的口腔问题。大量研究表明随着饮食习惯的改变(麻、辣、烫)和工作压力的增大，口腔溃疡、牙龈肿痛、出血、萎缩等口腔问题正快速蔓延。这些口腔"小问题"虽然不足以去医院，但大多困扰了人们的情绪，影响了人们的日常生活和工作。在深入市场分析的基础上，王明辉总裁等决策层作出了战略性的决策：必须牢牢把握市场机会，做中国药妆产品领域的先行者，为云南白药的发展争取一片广阔的市场蓝海。

3 云南白药牙膏的营销战略分析

一个成功的产品从孕育到诞生，必将经历艰难的科学决策过程。云南白药集团从制药到日化业的跨越是一场残酷的大考。

3.1 云南白药牙膏的市场细分

面对异常激烈的市场竞争环境，云南白药牙膏如何选择市场的突破口是开启市场的第一步。云南白药在对自身充分分析的基础上确立了市场细分的原则。第一，先创品类，后树品牌。先创品类就是跳出传统牙膏的清洁口腔、防蛀和美白领域，用上海凯纳营销策划公司总经理沈国良先生的话就是"寻找第三极"，即"口腔全能保健牙膏"，将牙膏针对的问题从牙齿扩展到整个口腔。先创品类就是在药品与日化品之间寻找市场平衡点，即口腔保健领域的"药妆"。云

南白药牙膏是中药与现代日化产品的结合，云南白药牙膏必须与传统日化牙膏形成品类性的根本区隔，云南白药的最终目标是要与传统日化牙膏形成“一分为二”的“产品品类”之界和“消费需求”之界，使云南白药牙膏成为含药牙膏的代名词。第二，以优势资源开发优势产品。云南白药最大的优势是其独特的活血化瘀、解毒消肿的功效、企业的医药科技背景和云南白药享誉百年的“伤科圣药”品牌知名度。积多年的制药经验，云南白药建立了一整套先进的制药管理体系，先进的技术和科学的管理是产品成功的基石，同时富含云南白药成分的云南白药牙膏能全面提升产品的品质。第三，坚持做高档产品。目前牙膏市场的状况可以简单归纳为：中低价产品市场份额最大，成熟品牌的产品丰富和市场运作成本高。与竞争企业相比，云南白药牙膏产品不具备成本优势和价格优势。如在现有市场层面上参与市场竞争，无疑是以卵击石。而且，中国牙膏市场已进入细分竞争阶段，对于新进入企业而言，占领消费者心智、抢占细分市场是重中之重。云南白药牙膏根据产品的特点与功能，决定进入高档消费领域。

3.2 云南白药牙膏的目标市场

目标市场的确定是市场战略的重点，在有效市场细分的基础上，云南白药牙膏目标人群在哪里？云南白药牙膏卖给谁？现代人，尤其是都市人群，口腔亚健康状态非常普遍。据统计，90%的中国成年人都存在不同程度的口腔问题。对于大多数国人来说，口腔健康问题还没有被重视起来，所以如果过于精准的定位目标消费人群，虽然目标市场清晰，但也会缩小市场。为此，经过认真细分思考，云南白药牙膏确定的目标市场是所有有口腔问题，以及关注口腔健康的人，他们都是白药牙膏的潜在消费者。

3.3 云南白药牙膏的市场定位

为了让云南白药牙膏快速被消费者认可，必须打破传统思维模式，找到一个不同于一般日常护理牙膏和药物牙膏的“第三极”。在这样的策略下，云南白药跳出传统牙膏阵营，针对口腔健康提出“有效改善牙龈出血、口腔溃疡、牙龈肿痛”等产品诉求，综合解决成年人口腔问题。云南白药牙膏希望给大众带来真正健康的口腔，成为一支真正意义上的“非传统牙膏”，实现非传统牙膏与国际“药妆”的接轨。

云南白药牙膏定位“非传统”牙膏所具备的优势有如下几项。

第一，创出了一个区别于传统牙膏的新品类，“非传统”牙膏的定位，化解了云南白药集团将面临的三大障碍：①背景障碍。将医药科技背景与日化产品有效嫁接，巧妙地将劣势转化成优势，增加了牙膏的科技含量和信誉保证，这也是符合国际“药妆”理念的大潮流。②价格障碍。对普通清洁牙膏而言，10元是消费者接受的价格分水岭，而把一支牙膏作为解决口腔问题的产品时，20 多元的价格就显得容易理解了。③人群障碍。其突出了原有的牙龈出血人群，扩大了使用人群。

第二，形成与传统牙膏的显著差异：①与普通日化牙膏相比，云南白药牙膏"非传统"在于对健康的"更专业"——以医药科技做支撑，拥有更专业的理念、更专业的人员、更专业的经验和态度。②与一些草本汉方牙膏相比，云南白药牙膏"非传统"则显得"不一般"——配方非传统（云南白药、国家中成药三大绝密配方），功效非传统（一修二养三提高），成分非传统（独含云南白药六大活性因子，功效更强）。

辅以云南白药百年的品牌力，云南白药牙膏区隔出了一个不同于普通牙膏的新品类——"非传统口腔全能保健膏"，依靠独特的品类区隔迅速撬开市场。

4 云南白药牙膏的营销策略

4.1 市场竞争战略

4.1.1 中国牙膏竞争格局分析

20 世纪 90 年代以前，我国的牙膏市场基本上是"中华""蓝天"一统天下；20 世纪 90 年代初期"两面针""冷酸灵""黑妹"等国内品牌迅速崛起，随后高露洁、佳洁士等国际知名品牌进入中国市场，凭借强大的营销攻势，迅速成为国内市场的主导品牌。国内牙膏市场的品牌结构由四大板块组成，一是以"高露洁""佳洁士""中华"等为代表的外资及合资强势品牌板块；二是以"两面针""黑妹""冷酸灵"等为代表的民族传统品牌板块；三是近年成长的新兴力量板块，如"LG 竹盐""纳爱斯"等；四是规模较小的三、四线品牌。

市场统计资料显示，高露洁、佳洁士、中华、黑人等品牌在国内牙膏市场的占有率达到 60%。因此在这既高度垄断又竞争激烈的中国牙膏市场，云南白药要取得成功绝非易事。截至 2009 年 12 月，排名全国前五位牙膏品牌的市场销售份额为 71.2%（见表 5-3）。

表 5-3 2009 年前五位牙膏品牌的全国市场份额

品牌	市场份额	增长率
佳洁士	22.9%	−4.59%
高露洁	16.8%	1.82%
黑　人	14.4%	10.77%
中　华	11.3%	−6.62%
云南白药	5.8%	65.72%

4.1.2 云南白药牙膏主要竞争对手分析

(1) 高露洁牙膏:公司成立于1806年,于1993年以防蛀牙膏为市场切入点进入中国市场,是最早进入中国的外资品牌。高露洁主要以高端牙膏产品为先导,凭借其高端形象占领了消费者心智,迅速占领城市市场份额,其后不断开发细分市场,并往中低端领域延伸,其产品覆盖了牙膏产品的各个档次。

(2) 佳洁士牙膏:佳洁士(Crest)诞生于1955年,是美国防蛀牙膏第一品牌,因为其独创的氟泰配方具有卓越的高效防蛀功能,所以成为第一支被世界权威牙防组织——美国牙医学会(ADA)认可的防蛀牙膏。1995年,佳洁士进入中国市场,其产品从高端向中低端延伸,产品涵盖了中高低端各个档次,且主要为城市市场。

(3) 中华牙膏:中华牙膏是上海白猫集团股份有限公司旗下品牌,于1994年将“中华”品牌经营权租赁给联合利华公司。作为本土最著名的中华牙膏,产品涵盖了口腔护理各个领域,并重点瞄向中高端市场。

(4) 中草药牙膏:以两面针和田七品牌为代表,主打中草药功能牙膏。

(5) 冷酸灵牙膏:始终坚持抗过敏牙膏的功能定位,并成为牙齿抗过敏领域的第一品牌牙膏。

(6) 蓝天六必治牙膏:我国第一支全效功能牙膏。

4.1.3 云南白药牙膏的竞争战略

根据波特竞争战略理论,企业战略的核心是获取竞争优势,而企业的竞争优势主要来源于低成本和差异化。云南白药牙膏由于生产成本(主要是白药配方成本)较高,因此不具备低成本优势。结合云南白药保密配方的资源优势,云南白药牙膏采用了差异化竞争战略。中国牙膏市场主要竞争品牌状况如表5-4所示。

表5-4 中国牙膏市场主要竞争品牌状况

	外资或合资品牌	传统中药品牌	云南白药牙膏
代表品牌	高露洁、佳洁士、中华、黑人	两面针、田七、冷酸灵	
市场定位	高端(并逐渐向中低端渗透)	低中端	高端
零售价格	5~15元/支	1.5元/支	22.8元/支
渠道	日化渠道(商场、超市)	日化渠道(商场、超市)	日化渠道和药房渠道
特色	注重细分功能和使用感受	价格低廉、药物概念	止血功能深入人心,药用效果显著;定位高端口腔保健细分人群

(资料来源:云南白药集团。)

4.2 云南白药牙膏的营销策略

4.2.1 产品策略

(1) 产品功能。云南白药牙膏是以牙膏为载体,内含云南白药有效成分,针对牙周和口腔软组织进行损伤修复、护理和保健的专业功能性产品。云南白药牙膏富含云南白药活性成分,可以有效解决"牙龈出血、肿痛、口腔溃疡"等口腔问题。

(2) 产品质量。云南白药集团以像研发药品一样研制牙膏,像生产药品一样生产牙膏的营销理念,力争生产出高品质的产品。

云南白药确切的药效、药理和临床支持,是云南白药牙膏功能的最大的保证;在牙膏磨料上选用了高档洁牙磨料(磷酸氢钙和硅磨料)和高级润湿剂,确保对牙齿最大保护,品质更高;以生产药品的 GMP 体系和储存产品的 GSP 体系全面保障产品质量,制造放心产品,性价比高。

4.2.2 定价策略

牙膏是现代人的日常生活用品,国内牙膏的市场价格一般在 10 元以内。

云南白药牙膏上市,在产品定价上必须综合考虑消费者认可、产品功能、品牌、目标市场及生产成本等多方面的问题,为此企业采用了产品认知价值定价法。公司把云南白药牙膏价格建立在消费者对产品的品质认知价值基础上。定价的关键,不是卖方的成本,而是买方对价值的认识,利用营销推广在购买者心目中建立起认知价值,价格就建立在消费者的认知价值上。

经过认真的全面价格分析,云南白药牙膏产品定价在 20 元左右,这个价格成为了当时国内牙膏的最高价,产品一上市就成为业界关注的焦点。如此高的价格,市场能接受吗?消费者能接受吗?但集团的决策团队认为,他们有足够的理由支撑产品的高价策略。云南白药牙膏独特的产品功效、高质量的原材料、品牌和消费者的需求等,都是产品定价的基础。云南白药牙膏系列产品零售价格如表 5-5 所示。

表 5-5 云南白药牙膏系列产品零售价格

香型、规格	零售价(元/支)	香型、规格	零售价(元/支)
留兰香 90 g	18.60	薄荷清爽 100 g	19.80
留兰香 100 g	19.80	薄荷清爽 150 g	25.80
留兰香 120 g	22.80	—	—

(资料来源:云南白药集团。)

4.2.3 渠道策略

云南白药牙膏上市之初，就面临渠道选择的问题。作为一家传统中药制药企业，日化产品对企业来讲完全是陌生的，而且在现在日益复杂的零售商业领域，有效营销渠道的选择对云南白药集团至关重要。

(1) 以医药渠道为主阶段。2004—2005年，云南白药牙膏在营销渠道选择上，实施以医药渠道为主，日化渠道为辅的策略。作为传统制药企业的云南白药集团，当时在日化行业的渠道建设基本为空白，因此按部就班的渠道建设面临诸多的问题。为了争取宝贵的市场机会，发挥企业现有优势，降低营销风险，云南白药牙膏首先采用了自身熟悉的医药销售渠道——将牙膏摆在药店销售。这种渠道模式的选择在特定的环境下，具备了相应的市场价值：

第一，保障了铺货。让相应的传播营销活动可以迅速展开，确保顺利抢占市场机遇。

第二，突出了产品功效。摆进药店进一步佐证了产品功效，突出药企背景，让消费者觉得产品质量可靠。

第三，降低了营销费用。上市初期，选择药店零售，在一定程度上避免了商超渠道高额的费用，同时也延缓了与牙膏巨头正面交锋。

第四，为其他渠道的建设争取了宝贵的时间，让云南白药牙膏通过药店这个强力跳板，相对成熟稳健地进入商超渠道。

(2) 大力拓展日化渠道。日化渠道是牙膏销售的常规渠道，其中日化渠道又可以分为现代渠道(主要指大卖场，超级市场等)，食杂店/售货亭以及其他渠道。到了2006年，云南白药牙膏的市场知名度不断提升，产品销量达到2亿多元，如果仍以药店为主要销售渠道则远远无法满足云南白药牙膏市场快速增长的需要。2006开始，云南白药大力拓展日化渠道，以KA(key account)为主，至目前形成了日化KA、超市为主，便利店医药渠道为辅的终端格局。目前，云南白药集团在牙膏产品渠道建设上，初步形成了中心城市、地级城市和县、乡镇市场全面覆盖的商业渠道架构。

4.2.4 广告及促销策略

广告与销售促进(SP活动)是日化产品营销的重要手段，云南白药以中央电视台为主要广告媒体，结合平面广告和促销活动开展营销传播。

4.2.4.1 电视广告

1) 广告创意策略

第一阶段：产品功效宣传。相继投放了电视广告《人群篇》《证言篇》《牢笼篇》,传递云南白药牙膏的作用,以及从企业,消费者角度进行证言。

第二阶段:明星代言。邀请具有高度知名度和美誉度的我国著名表演艺术家濮存昕作为形象代言人,重点塑造品牌形象。

2) 广告核心:价值诉求

围绕“牙周保健专家”的产品核心诉求,在产品的不同运作推广阶段,采取了差异化的价值诉求,主要分为两个阶段:

第一阶段:广告重点强化产品功能,集中诉求“牙龈出血、口腔溃疡、牙龈肿痛,牙膏就用云南白药牙膏”。

第二阶段:提升品牌感性认知和塑造品牌形象。通过品牌代言,塑造云南白药牙膏“让健康的口腔,享受生活的快乐”的健康品牌形象。

4.2.4.2 报纸、杂志的“软文”广告

传统牙膏的营销重心主要是电视广告,对于报纸,杂志等平面媒体应用甚少。云南白药牙膏在应用电视广告进行准确告知的同时,利用平面广告的优势,结合保健品营销的方式(主要是软文的形式),对消费者进行全面深入的说服。

专题介绍文章多选择在各地发行量最大的市民类报纸媒体,从云南白药牙膏产品本身挖掘素材,从多角度强化产品功效,从多视野传播口腔健康理念。在策略上通过几轮攻势,层层递进,强化消费者认知。如第一轮的新闻式广告,采用新闻的标题、行文方式,吸引消费者关注。在有关报刊刊登“云南白药牙膏里的国家机密”“百年药企作牙膏,小题大做”“这是一支无法抄袭的牙膏”等文章,快速增强了市场信任度,而且大多文章选择在周五刊登,直接拉动周末销量。

在2005年第四轮的深度说服中,打出了送份“口腔健康”的市场号召,如“高档牙膏遭抢购,买来多半当礼送”,顺利在众商家纷纷眼红的节庆市场抢到了一杯羹。在接下来的3年中,随着销量的上升,逐渐面向不同人群、不同渠道,进行口腔健康深度说、广度说、高端说、时空说。

(1) 聚焦各类疾病与口腔健康的关系,进行深度说服。刊登“专家进言:别把牙龈出血当小事”“警惕:血口再伤人”等专题文章。

(2) 以云南白药牙膏成节日送礼首选,进行广度说服。刊登“中秋:送礼年年变,今年变牙膏”“为25岁以上有口腔问题的人算笔账”等文章。

(3) 针对高端人群,进行口腔健康高端说。在报刊刊登“百年药企发起牙膏价值论战”“牙齿结实、牙龈粉色、牙周无病变——成年人口腔健康三大新标准”

刷新"国人意识"等文章。

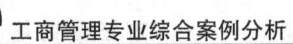

(4) 针对不同季节,进行口腔健康时空说。刊登"夏季,成人口腔受难季""欢庆节日后,悲哀口腔日"等文章,通过专栏文章,进一步传播了产品的功效和口腔保健知识。

4.2.4.3 平面媒体杂志广告

(1) 专业类杂志。针对口腔保健专业人士,在《家庭医生》刊发"心脏病、高血压、糖尿病、胃病、慢性消化道疾病这五种人,牙龈出血,口腔溃疡更危险""口中三患祸全身:血患、痛患、疮患"等文章,以专业健康保护的角度,传播云南白药牙膏的功效。

(2) 高端类杂志。针对高端消费人群、商务人士,选取《航空杂志》等杂志,从饮食、国情、文化等角度,先后撰写了相关软文,进行深度说服。

综上,云南白药实施了立体化的广告传播策略,电视广告的准确告知树立了云南白药牙膏独特的品牌形象,而保健品式的平面媒体软文应用则强化了云南白药牙膏的专业特色。

4.2.4.4 终端促销

在电视、平面媒体的全力支持下,云南白药牙膏开始了深度市场拓展,结合不同市场的营销环境,在上海、杭州、南京等重点市场,在沃尔玛、家乐福、大润发等连锁超市,有针对性地实施了百场市场主题推广活动。此外,街头篮球争霸、健康口腔唱翻天、云南白药牙膏卡拉OK大赛等富有新意的SP活动,通过与消费者的互动,扩大品牌影响力,带动终端热销。云南白药牙膏"口腔护理节",提升了产品专业形象,打造专家口腔护理品牌。

在竞争异常激烈的牙膏市场,民族品牌云南白药牙膏从进入市场到快速成长,都给业界和消费者留下了太多的思考。

案例使用说明

一、教学目的与用途

本案例主要用于"市场营销"课程的教学活动。目的在于让学生理解市场营销战略分析(STP)的框架及新产品的市场营销组合策略;理解典型企业的创新营销思想。本案例属于营销综合分析案例。

二、启发思考题

1. 对云南白药牙膏的目标市场选择和市场定位进行分析。

2. 对云南白药牙膏的定价策略进行分析。

3. 对云南白药牙膏软文广告运用的评价分析。

三、分析思路

云南白药背景分析

↓

云南白药牙膏 STP 战略分析

↓

云南白药牙膏竞争战略分析

↓

云南白药牙膏 4Ps 营销战略分析

在案例分析中也可选取市场细分、目标市场或 4Ps 策略的任一点,结合专业理论进行系统分析。

案例六

少林寺品牌风云

案例正文

0 引言

2011年12月的一天，牛毛细雨淅淅沥沥，嵩山的沟沟壑壑都在一片氤氲的笼罩之中渐渐泛白，若隐若现，深山处正是少林寺所在。方丈室内，永信大师正在电脑前浏览网页，他获悉了少林景区或被摘牌的信息：少林景区或被摘牌——全国旅游景区质量等级评定委员会在暗访过后，认为少林景区距离5A级旅游景区标准差别较大，因此要求限期整改，若整改不力，整个少林景区将面临摘除“5A级旅游景区”招牌的危险。

永信大师暗忖：这次景区若被摘牌，少林寺作为景区核心资源，卷入舆论的漩涡定是在所难免。执掌山门这些年，有着1 500年历史的古寺深受大众瞩目，整饬寺院，树立品牌，海外拓展，事关少林发展的每一个决策，都伴随着诸多的争议与质疑，少林寺的出世入世，就像一条船，一半在水里，一半在水上，世人看到的总是水上的那一部分，永信大师的思绪渐行渐远……

1 时势助古寺，品牌出少林

1.1 少林重生

嵩山少林寺创建于北魏太和十九年（公元495年），历经1 000多年的风雨变迁，虽几度兴衰，但一直以禅宗和武术并称于世。民国时期因军阀混战，一场人为的火灾将大雄宝殿、藏经阁楼等重要建筑及典藏几乎焚毁殆尽。

1963年6月20日，少林寺被确认为河南省文物保护单位。1975年，政府对少林寺山门进行了翻修。彼时的少林寺，全寺上下一共十几名僧人，靠28亩地过着清苦的日子，一片萧条气象。

1982年，电影《少林寺》掀起了大江南北、长城内外的武术热潮，隐藏在深山中的少林寺也逐渐为世人所知晓。热爱武术的少年、好奇的海内外游客纷纷涌至河南登封，争相一睹少林寺的风采，游客人数从1981年的36.01万陡增至72.68万，此后的几年参观者的人数一直保持快速增长。

1.2 品牌初创(1982—1997年)

被电影卷入公众视线的少林寺意识到，普度众生与弘扬佛法，都必须深入普罗大众，佛教如果避世，只会自取灭亡。当家人释永信率领僧众在日常寺务、接待和外访之余，对内整饬寺院建筑，恢复古刹风貌；对外推进武学交流，宣扬少林文化。

在景观方面，少林寺对景区内部进行了修缮和建设。修葺了大雄宝殿、方丈室及寺内各处的油漆彩画；逐步改善了公路、公厕和绿化等景区周边设施。景区一改之前荒凉破败的景色，重现了少林"深山藏古寺，碧溪锁少林"的幽美意境。

在武学方面，1986年，成立了少林寺拳法研究会，组织了一系列挖掘、整理、出版少林武术典籍工作，并组建少林寺武僧团在国内巡回表演；1990年，释永信方丈提出了"武术禅"的概念，"禅武合一"这一独特品牌定位逐步明晰。

少林文化是少林寺品牌的基石。为了进一步丰富少林文化的内涵，少林文化研究所、少林书画研究院、中华禅诗研究会、少林寺慈善福利基金会等应运而生。1995年9月，少林寺举办建寺1 500周年庆典法会，在历时7天的法会中，学术交流、武术表演与文化展示融于一体，盛况空前。

1996年创刊的《禅露》杂志，1997年成立的少林影视公司，同年设立而后几经改版的少林寺网站三者相互补充配合，成为对外宣传少林文化的窗口。至此，少林寺的社会关注度日益提升，少林当家人释永信逐步进入公众视线，少林品牌影响力初步显露。

1.3 品牌成长(1998—2011年)

少林寺对传统文化的传承与发扬适逢其时。1982—1998年间，联合国教科文组织推出了一系列推动民间文化产业化以及对非物质遗产进行知识产权保护的政策与措施。作为民间艺术和传统文化的优秀代表，少林文化在这样的国际大环境中找到了快速成长的土壤。

1994年，国务院出台文件指出宗教自养企业可以注册自己所在的宗教活动场所。1998年7月，河南少林寺实业发展有限责任公司成立，注册"少林寺"商标，成为中国佛教界的第一家公司，少林寺的品牌经营管理也日臻成熟。

在原有的少林寺建筑群、少林武术和少林禅学基础上，少林书局与少林药局相继成立;2007 年《禅宗少林——音乐大典》实景首映丰富了少林品牌内涵,2008 年,少林寺网店"少林欢喜地"开张,消费者可以通过网络渠道购买实体店中所有的少林产品。以少林文化为核心,少林寺打造了"寺""僧""慈""医""艺""刊"等多品牌组合。频繁的国内外宗教学术会议和佛教法事活动也提升了少林寺在禅宗佛学领域的知名度。

少林寺通过举办和参与各类节庆活动,不断加强自身品牌的宣传,其品牌影响力更是辐射到了海外。少林寺在美国、英国、澳大利亚等国家建立了十几个少林文化中心,宣传中国传统文化。少林寺代表团先后受邀访问日本、韩国、美国、俄罗斯、英国、德国、西班牙、澳大利亚、加拿大、中国香港、中国台湾等国家和地区,成为传播中国传统文化的使者,搭建起中外友谊的桥梁。

2006 年,俄国总统普京对少林寺的慕名造访,充分体现了少林寺品牌的知名度与魅力。2011 年,少林寺微博认证上线,社会化媒体的应用使少林品牌的传播更为即时、便利、迅捷。

少林寺在发扬和传承传统文化方面所做的贡献得到社会各界的广泛认同,"少林功夫"已经成为中华武术乃至中华传统文化的重要符号之一。运用一系列现代科技的商业手段进行品牌价值的提炼与传播之后,以少林文化为核心的少林品牌经营与管理渐入佳境。

2 5A 冠古寺,景区倚少林

少林寺僧众努力恢复佛教道场,积极参与经济建设,寺庙及周边地区发生了很大变化,少林寺在国内外的影响也越来越大。依托少林寺品牌的发展,少林景区的范围不断修缮、扩建,几经变更,2007 年,少林寺成为国家首批 5A 级景区,实行多景点捆绑一票制对游客开放。随着景区的扩大,各处的管辖权限与利益分割情况也变得愈加复杂。

2.1 景区变迁

少林景区的变迁可划分为三个阶段。

从 1979—1985 年,少林景区范围仅包括少林寺常住院、塔林和初祖庵,河南省旅游局为其重修和维护累计投资近 300 万元。

其后景区范围进行了扩展,少林寺及周边基础设施和多个武术馆均被纳入少林景区。1986—2000 年,国家建设部、河南省旅游局、嵩山风景名胜区管理委员会、郑州市财政局等多个政府部门为少林寺进行投资,以修整少林寺周边基础设施如"少林天下第一名刹"石坊、公路与人行道、停车场、公厕及排洪管道等;1988 年,河南省旅游局、郑州市财政局投资 1 500 万元完成少林寺武术馆、少林露天演武场的建设。

从2001年至今，登封市政府与少林寺联合聘请知名高校的专家学者和建筑设计大师，编制《嵩山少林景区总体规划》，将少林景区打造成“大景区”概念。景区涵盖少林寺、三皇寨、十方禅院、塔林、少阳桥、观音庵、甘露台、五乳峰、广惠庵、初祖庵、练魔台等多个景点。少林寺是嵩山少林景区的核心组成部分，也是吸引游客的重要资源。

2.2 辖权分割

伴随着景区范围的持续扩大，景区管理的问题也变得逐渐突出。因少林寺而成名的嵩山少林景区，实则分属不同的机构管理。

1984年，文物部门将少林寺的管理权交给了僧人。1987年，释永信接任住持，对少林寺山门之内的寺务进行管理，与此同时带领少林寺僧众对少林品牌进行了积极挖掘与拓展，使少林寺品牌获得了很高的声誉，少林寺品牌也得到了广泛的认同。

1990年，在登封市政府监管下，河南省嵩山风景名胜区管理委员会(简称嵩管委)成立，少林寺开始由市政府和僧众共同管理。释永信等僧人主要负责的是宗教、文化与相关寺务；嵩管委全权处理依托少林文化发展起来的旅游业，如门票、外部设施建设等；三皇寨景区由国有登封林场管辖；十方禅院由登封县商业局与郑州市盐业公司重建，并于2003年后转售给私人运营。

2009年，港中旅(登封)嵩山少林文化旅游有限公司(简称港中旅)成立。其中香港中旅国际投资有限公司(由中国港中旅集团控股)占51%股份，登封嵩山少林文化旅游集团有限公司(由登封市政府全资拥有)占49%股份。

自此，景区的管理划分为三个层面：第一个层面为嵩管委，主要负责行政、执法、环境等；第二个层面是港中旅，负责景区内的管理、设施设备投入等；第三个层面则是僧侣对于宗教与寺院自身的管理。除少林寺、当地政府、港中旅登封公司以外，景区内及周边被拆迁居民，景区内的各类投资开发主体也形成了大大小小的利益主体。利益主体之间的相互纠葛与相互牵连，使少林寺品牌的维护变得更加艰难。

3 争议困古寺，摘牌扰少林

3.1 品牌之惑

少林寺在宗教领域展现出了其独具个性的品牌开发理念与品牌经营行为。释永信为少林品牌传播和少林文化宣扬所做的一些商业化决策也一直承受着较多关注与质疑。

3.1.1　商业品牌VS文化品牌

少林品牌蓬勃发展之时，对少林寺商业化运作的争议也纷至沓来，褒扬者有之，批评者亦有之。赞同者曰：少林寺在全球范围内繁荣了少林文化，是我国传统文化发掘和保护的标杆；少林寺出色的品牌经营与品牌传播吸引了大批的游客前来参观，为地区经济作出了很大的贡献。批评者云：少林寺对品牌的过度宣传与开发，有损佛教的教化功能。有的观点较为中立，他们认为少林寺商业化应该有度，禅武不能等同，“武”可以商业化，“禅”则不应也不能。

在世人眼中，少林寺方丈释永信是佛门CEO，跨界商业经营手段的灵活运用把一个破败小庙经营成一个品牌形象和经济效益双丰收的“国际知名企业”。500名美国弟子造访少林寺、与深圳卫视联手举办的“2007功夫之星全球电视大赛”、网上公布少林绝学等典型的事件营销手法，将少林文化包装成商品谋取利益，“少林寺”已经完全变成了一个商业品牌。

也有不少人认同少林寺僧众的观点，少林文化是一个综合性的文化体系，“少林寺”是基于丰富的文化内涵而逐渐发展起来文化品牌。近年来，无论禅七法会、三坛大戒、少林问禅、少林功夫申遗，或是少林功夫剧产业等佛教禅武文化的利生事业，都是对少林寺独有文化精髓的传承与发扬，让世人见证了中华传统文化的无穷潜能。少林寺的强力推广使少林寺和以功夫为代表的少林文化成为具有世界影响力的中国传统文化品牌。商业手段是少林寺在弘法和传播少林文化时选择的一种工具，而非追求的终极目标，商业为文化插上了翅膀，少林寺的做法实现了文化品牌经营的良性循环。

3.1.2　公共资源VS独有知识产权

关于少林寺是公共资源还是少林寺独有的知识产权的争论，给少林寺的品牌维护带来了极大的困扰。

在少林寺不断发展同时，各种打着“少林”“少林寺”旗号，实际却与少林寺无关的各种商业活动纷纷出现。借用少林寺名称或以“少林”命名的武校陆续建立；在互联网上用少林名称的网站域名一共有186家，少林寺官方网站湮没其中；“少林”和“少林寺”商标在国际范围内被抢注。

1993年，一则“少林牌”罐装火腿肠的电视广告借用了少林寺的场景画面，并化用电影《少林寺》主题曲的四个音符，改为“少林、少林、少林火腿肠”，出于宗教感情的考虑，少林寺一纸诉状将该罐头食品广告上法庭。但少林醉白酒、少林春肉食店、少林补身药等混淆和曲解少林文化内涵的各色广告仍屡见不鲜。

这些少林寺品牌的使用者认为“少林寺”是面向整个社会共同提供的公共

资源，具有共同受益或联合消费的特点，其效用为整个社会的成员所共享。个人或厂商对少林寺品牌的消费并不排斥、不妨碍其他人或厂商对它的享用，也不会因此减少其他人或厂商享用少林寺品牌的数量和质量。

释永信很迷惑："自公元496年以来的1 500多年中，少林寺始终是少林文化和少林功夫的传承者和持有者，怎么能说公共就公共？"为了维权，在国家政策的支持下，1998年7月，河南少林寺实业发展有限责任公司成立，注册"少林寺"商标，对少林寺知识产权展开全面保护。

少林寺维权行动从国内走向了国际。2000年，澳大利亚悉尼奥运会前夕，竟然有四个"少林寺方丈"和两个"少林武僧团"出现在当地，被惹怒的当地侨团和媒体一纸投诉状递到了有关部门。2003年，少林寺与屡次冒充"少林僧团"的商人在澳大利亚打赢了第一场官司。此后通过协商、谈判、合作等方式，少林寺收回了在澳大利亚、德国、日本等地的少林寺商标使用权。至此，少林寺已拿到29个相关类别、43项商标的注册证书。

3.2　摘牌之扰

2011年12月4日，全国旅游景区质量等级评定委员会向嵩山少林景区下达整改通知，要求景区限期整改，若整改不力，整个少林景区将面临摘除"5A级旅游景区"招牌的危险。少林寺作为景区的核心，再次成为争议的焦点。

3.2.1　景区质量不佳

暗访组为少林景区的服务质量和环境质量评分结果为880分(总分为1 000分)，远低于950的基本线。具体暗访结果总结如下：

首先，少林景区整体旅游氛围不佳，与禅宗祖庭需要的庄严肃穆和5A级景区细致服务的要求有一定差距：景区入口管理十分混乱，社会车辆乱停乱放，黑车拉客现象严重，小商小贩沿路叫卖，造成阻塞；在景区内部，小商贩围追兜售，"僧人"摆地摊、算卦算命、叫卖现象共存。景区内部人流密集，缺乏疏导，饮食商品摊点胡乱布局，环境恶劣。

其次，景区内主要硬件设施与服务需要完善：旅游服务中心区面积狭小，管理混乱。医务室缺医少药，影音室改为他用；景区内部人车交织，游客集中集聚区缺乏公共休息设施，垃圾随意堆放；在游客服务方面，宣传材料量少质差，导游管理松散，讲解深度不够。此外，少林景区的重点文化遗产景区亟待保护。例如在塔林景区，游客高度集中，地面已经寸草不生，给塔林保护带来潜在威胁。

3.2.2　游客满意度降低

"冰冻三尺非一日之寒"，早在2007年，由《中国青年报》主办的"中国青年喜爱的旅游目的地评选”的结果就表明，公众评选出的“最不文明的景区景点”少林景区位列前10名。为此，腾讯网做了一项网络调查，专门探讨造成少林景区成为最不文明景区景点之一的原因。

绝大部分调查者对少林景区硬件设施和软件服务方面存在诸多不满，尤其在门票、景观建设、公厕、旅游纪念品、环境及治安等方面。此外，有近40%的调查者认为少林景区商业气息太浓，与“禅宗祖庭”的形象极不相符。显然这项调查并未引起少林景区相关管理人员的重视。

2011年，新浪财经在开展的“3·15全国各地区消费体验大调查”活动中，邀请网友对全国景点消费体验进行投票打分，众多网友参与调查。结果显示，全国24个景区中，少林寺景区排名为第19位。多数游客表示，自己的满心期望换来的却是大失所望。许多游人怀着虔诚的心情风尘仆仆赶到少林景区，希望细细品味国家级文化遗产的历史遗迹、久远建筑、艺术民俗及宗教活动时，却在这里遭遇一系列诸如假冒僧人摆摊算卦、小商贩围追兜售的场景；游人要时时警惕景区内无孔不入的商业陷阱，令人游兴全无。

3.3　品牌危机

诸多乱象使嵩山少林景区受到批评，身在其中的少林寺受到的舆论压力陡然增大，媒体对于景区或被摘牌事件的曝光，夹杂着坊间的各种传闻，引发了网友的诸多议论。

“少林寺是我这几年遇到的单位面积游人最多、组织最差的景区，怪不得5A景区被摘牌。”

“少林寺本为佛家清修养性之地，而如今的少林寺却早已变得乌烟瘴气，什么手机天价开光，2007年少林寺景区还组织美女们和僧人在少林寺门口握手、合影、切磋武艺，这些本该与少林佛家无缘的东西，如今都出现在了少林寺内。”

“把‘道场’变成了‘商场’，将‘禅门’变成了‘钱门’，今日的少林寺，是否还是昔日洋溢着达摩祖师宗风道骨的禅宗祖庭?”

“当少林寺按照现代商业模式蹒跚学步时，如何继续维持自身佛门清静地和武学胜地的公众形象，是当务之急。比少林寺被人遗忘更可怕的是，人们只记住了少林寺公司。”

对少林寺的议论纷至沓来，景区或被摘牌事件作为导火索，对景区商业陷阱的不满伴随着对少林寺商业活动的误读，相互作用，酝酿发酵，少林寺品牌危机乍现。

案例使用说明

一、教学目的与用途

本案例的教学目的在于启发学生思考、理解和掌握品牌管理中的知识要点。深入了解品牌的分类、属性和发展过程，通过分析少林寺品牌危机的成因及影响，运用公共品理论和利益相关者理论探究在品牌权益半公共化的情景下，不同品牌利益者之间品牌损害“牵连”问题以及类似的文化品牌在发展中普遍存在的问题。

二、启发思考题

1. 少林寺品牌的定位与品牌内涵是什么？

2. 商业品牌与文化品牌有什么不同？少林寺品牌属于哪种品牌？为什么？

3. 景区摘牌事件对少林寺品牌产生了什么样的影响？为什么会引发少林寺的品牌危机？

4. 少林寺应该如何化解这场品牌危机？

5. 少林寺品牌的发展历程对文化品牌营销有什么启示？

三、分析思路

教师可以根据自己的教学目标(目的)灵活使用本案例。这里提出本案例的分析思路，仅供参考。

关键 1　掌握品牌的分类、属性及其发展过程。

关键 2　运用所学理论和方法分析品牌危机的成因与后果。

关键 3　运用危机处理理论与原则进行品牌危机处理。

关键 4　思考少林寺品牌对其他文化品牌发展和维护的启示。

人力资源篇

案例七

拿什么来管理你：我的80后、90后员工

案例正文

0 引言

康健医药物流公司是一家民营新创物流企业，由一位资深药企高管张金、一位民营药企营销总监王跃和一位香港投资代理人李成三人出资打造。三人分别担任公司董事长、副总经理和总经理职务，其中李成作为总经理全面管理公司外部业务拓展和内部流程打造。公司本着团结一切可以团结的力量这一思维，欲在10年内打造成A省最好、全国最强医药物流企业。3年来，借着国家政策的支撑和三人团队的勤奋和刻苦，公司发展势头良好，业务量由每年几千万元发展到2013年半年业务近2个亿的资金流量。公司招聘的员工呈现年轻化的特征，80%的员工属于80后、90后，这个层次的员工具有独立、创新与不愿意吃苦的综合特质，如何打造这支年轻的员工队伍成为了公司发展的关键问题。

1 康健医药物流公司的发展历程

康健医药物流公司（以下简称康健公司）创立于2011年7月，是一家已通过GSP认证的私营现代医药流通配送企业。

康健公司落脚于A省S市一个国家级经济技术开发区，占地97.7亩，是香港一家实业投资管理公司在大陆布局的医药健康产业链的重要终端销售公司，近3年来，呈现快速发展态势：2011年4月三位创业者以股权方式出资200万元在M工业园区打下地基创建康健医药有限公司，鉴于国家三级医疗制度的推行和市场对良好药品的迫切需求，公司确立了建立“A省最好、全国最强医药物流企业”的发展宗旨，其终极目标为“为人类健康提供最好的药品和服务”，凭借良好的公司信念、服务和三位创始人业内丰富的职业经历、人脉，公司一路披

荆斩棘，事业蒸蒸日上：已建 20 000 平方米的标准办公楼、厂房和仓库，拥有 600 余名优秀员工。2012 年，康健公司创造了 2.7 亿元的资金流。2013 年，月资金流量 4 000 余万元，估计全年资金流可达 5 亿元人民币，在全省 270 余家医药流通公司中排名进入前 20。

康健公司致力于以价值理念激励员工，以个性化的服务赢得客户，以伙伴关系促进创新。将 ERP、财务、物流、BI 进行一体化建设，为客户创造更舒适的购物体验，实践更优化的品类管理和供应链系统，让客户在任何时间、地点均能以自己喜欢的方式购入药品。

康健公司以“为人类的健康提供最好的药品和服务”为己任，以开放的胸怀搭建广阔的平台，广纳各路贤才，统合上下游资源，与合作伙伴共同高速成长。

目前康健公司的经营范围包括：中药材、中药饮片、中成药、化学原料药及其制剂、抗生素原料药及其制剂，生化药品、生物制品、医疗器械、食品等，经营品类近万种。已建立完善的管理团队和遍布全国的营销网络，终端客户超10 000户。康健公司销售业绩快速增长，取得令人瞩目的成绩，得到市场的广泛认可。

2 李成的纠结

总经理李成是康健公司的主要业务和流程管理者，他本人在组建康健公司前是一位香港投资管理公司的业务骨干，为了筹建康健公司，他亲自在药都的一家大型企业作为总裁助理实践了一年，积累了丰富的药品经营人脉和产品知识，掌握了药品流通领域的基本运作模式。作为一个事业心很强的职业经理人，李成认为今天的发展宏图还得益于岳母的支持和理解。

2013 年春节前，专程来帮助李成料理家务的岳母老毛病犯了，为不打扰李成工作，老人家独自待在家里硬扛近十天，而忙于企业发展战略的李成却一无所知！通过这件事情，李成猛然想到：随着我国城镇化率的不断提高、三级医疗制度执行的有限和老龄化率的不断攀升，会有不少的留守老人将涌入城市，他们的孩子为了生存四处打工，无暇顾及，这些空巢老人的健康谁来保障呢？这个问题一直萦绕在李成的脑海中，为什么不可以通过公司来建立一个老人家健康体验馆。李成与其他两位创始人沟通后，康健公司首家健康体验馆建立起来了，而且受到当地居民的好评！李成说：客户需求就是康健公司前进的最大原动力！在未来的发展中，创业团队还将构建抗癌物质提取基地、中药种植基地、医药产品展览馆。

综合部主管人事的李婧主任打来电话：“李总，刚来的大学生王潇说不想干了，他正好能够独立上岗了，这时候提出离开，那出货质检监控谁来做呀？我都急死了！"综合部夏总也打来电话来说张雨对自己目前的多岗适应产生了抱怨……

李成陷入了深深的沉思：最近公司总体战略明晰了，发展前景一片光明，但是80后、90后的这群员工管理方面问题频出：储运部的李霞嚷嚷着工资考评不合理、仓库的新进大学生张雨抱怨工作环境差、采购部娜姐、王潇想要离职……纠结的80后、90后的员工啊，究竟我要怎样对待你们呢？

3 亲爱的员工们：你们都怎么了

3.1 娜姐与王潇的相继离职

正月初七，康健公司正式上班。储运部又少了很多熟悉的面孔，来了几个稚气未脱的小姑娘和几个大叔、阿姨。仓库打单员、验收员、质量员、上货员、整件保管员等岗位纷纷换上了新员工，拣货员也有两个人离开了，换了两个复核员，新增了几个上货员。

采购部的娜姐算得上是公司的元老级了，1988年出生，年龄不大，能力不小，是公司不可多得的采购人才，人脉广、交际能力强、漂亮大方，人称"麻辣凤姐"。这天一大早，娜姐就来到岗位上，麻利地收拾起自己的私人物品，一边收拾一边还大声地数落："唉，本小姐自公司开张到公司来，做采购也算老手了，可是你们瞧瞧我那不争气的工资条儿，两年多来那是一分钱儿没涨啊，就那门前的河水一年还有几次涨潮的时候，没见这样的公司，死抠门！这样的公司有啥待头？还不如回家带孩子！此处不留姐，自有留姐儿处！"娜姐这次来就是来收拾收拾对公司说拜拜的，据说她换了一家不错的公司，继续她的采购生涯。

王潇是一名应届本科毕业生，1991年生，标准的90后——生活不愁，追求个性独立和自我实现。他2012年经亲戚介绍进入公司，他想，这只是一个过渡期，不会在这里工作很久，作为一名90后的本科生一定要找到一个更有发展规模的大公司，目前康健公司处于起步阶段，他不可能为之献身直到退休。王潇在储运部工作半年，先后做过拣货员、复核员、验收员、整件保管员、仓库内勤，他认为这样在公司仓库工作已经算是太久了，每天面对一堆枯燥的产品和进出货单，而且周围的同事学历都不高，生活追求比较低，每天下班就是聚在一块儿打打小牌，喝喝小酒就心满意足了，他孤傲地认为和这些同事一起工作难免会变得无欲无求，磨灭自己的斗志和人生理想。因此，2013年4月初，王潇毅然辞职了，跟采购部主管打了个招呼，就人间蒸发了。

类似的状况两年内发生了五起！李成十分不理解：公司比起两年前已经逐步走入正轨了，发展趋势那么好，他们为什么就不能与自己同甘共苦呢？

3.2　李霞的困惑

李霞，1994 年生，为人老实，埋头苦干型，一般也不多话，自顾干自己的工作，属于不好事那类员工，崇尚事不关己高高挂起的人生哲学。

康健公司员工发薪日定在每月 15 日，这一天也就成为了员工最开心的日子，可是这一天，储运部的李霞却不开心了：她收到中国建设银行的短信提醒——工资到账了，可是当她看到 1 758.31 元这个数字时，一头雾水，上个月发了将近 2 200 元呢！李霞思忖着：两个月的工作量相差不大，为什么工资差距这么大呢？公司薪酬实施保密制度，她不敢和同事讨论，一整天工作下来，总感觉心里堵得慌，她决定第二天去财务部问清楚。

第二天晨会结束后，李霞整理好货架和复核台，就直奔财务部。她找到了负责核算工资的出纳小陈并说明了来意。李霞是储运部的一名复核员，工资实施的是底薪加计件工资的模式。小陈拿出计算器就开始算了："李霞，你的底薪是 300 元，上个月复核了 15 321 笔，每笔是 0.07 元，拼箱 9 965 笔，每笔 0.03 元，扣款 213.11 元，总共是 1 758.31 元，本月工资发放没有错误哦！"李霞赶紧问："我本月工资比上月少了 213.11 元，是怎么回事儿呢？"小陈说："我们财务部只负责核算工资，扣款有很多种，包括考勤未打卡，未及时打扫卫生，盘点差错，客户投诉等，这个扣款原因你要去问行政部、储运部和售后服务部，我这里没有记录。"

李霞想了好久，自己上个月既没迟到也没请假，应该是全勤，怎么不但没有全勤奖，还扣了这么多钱呢，她只好去相关部门讨个说法了。

行政部说："你上个月有一次下班没有打卡记录，公司规定下班不打卡，就扣一天工资，还有一次是早上 8 点 31 分才打卡，公司规定迟到扣 20 元，并且全勤奖也拿不到了；另外你还有几笔差错和投诉，打扫卫生方面也有罚款，具体情况你要去问储运部经理和售后服务部。"李霞想起来了上月确实是有一次打卡晚了，但是关于其他的，李霞是真的没什么印象了。

李霞郁闷地回到储运部，经理看到她，就大声说："你怎么这么晚来上班，我要扣你工资。"李霞看着经理生气的样子，心里默默想："我还是不要碰钉子了，我先去售后服务部问问。"

售后服务部正好只有一个实习生在办公室。李霞走进去和这个小姑娘打招呼，问她能不能把上个月的差错投诉记录给她看看。小姑娘为难地说："只能等经理回来，你还是晚点再来吧。"

李霞只好先去做事，空闲时候再来问。这一天，李霞工作时心事重重，有好几个单据都忘了放进箱子，想着下个月拿工资时，又会因为差错扣很多工资，她心情更加不好了。她感觉委屈，暗自想：公司管理这么严格，一点小错都不可以，下个月再这么扣，就不干了。

3.3　张雨的多岗位适应问题

张雨是武汉高校的一名专科生，1992 年出生，2013 年经同学介绍应聘到康健公司销售类岗位就业。

报到第一天，张雨来到行政部，由于是熟人推荐，行政部没有实施例行的笔试和面试，只是简单询问了张雨的一些基本情况就让张雨填了入职登记表，完成了入职手续。

随后，张雨被带到仓库，行政部同事告诉他：公司规定业务员要熟悉药品，因此，需要到仓库实习一段时间。储运部江经理让零货库万主管带张雨到处转转，了解公司仓储基本状况，万主管领着张雨参观了仓库，让张雨简单了解了仓库布局，随后就去工作了，让张雨自由活动，张雨在货架区转悠了一圈，就到了午餐时间了。

下午，张雨专程去找江经理，询问江经理对他的工作安排，江经理简单地教张雨将散货药品按区域分类，然后上货到相应货架，随后让张雨到验收区熟悉情况。张雨对着一大堆药品，开始慢慢摸索，他花了一下午的时间就把这一堆货处理好了。

第二天，晨会结束后，江经理找到张雨："张雨，我们有很多破损、过期的药品，因为没人处理，所以都很混乱地堆在仓库里，你就熟悉一下不合格品管理吧！"张雨就被江经理带到了仓库的角落，很多胶囊、口服液、片剂、注射液堆放在地上，江经理拿了一叠表格给张雨，让张雨照着表格上的品名、数量、有效期、批号等信息对这些不合格品进行分类处理。经过一天的辛勤工作，张雨终于成功地把这些不合格品处理好了，看到张雨处理问题的能力和主动性挺强的，江经理想："这孩子还真是可造！多找些事情锻炼锻炼他！"接下来几天，江经理请张雨给打单员帮忙，熟悉打单工作程序，这一忙就是半个月，在这半个月里，张雨每天都在打单室分类单据，发单。

张雨感觉每天与这些简单工作打交道没多大意思，就向江经理咨询转岗问题，江经理委婉地说："张雨，你不要瞧不起现在做的岗位，这些岗位是很基础，但是很重要，对于熟练药品非常有好处，将来要去做业务也会得心应手。"可是张雨觉得自己每天不过是在打杂而已，似乎干不出什么惊天动地的事情来，他认为：自己是一个正牌大学的大专生，怎么着也得搞个公司中层岗位做做呀！

可是……

3.4 尴尬的免费食宿

康健公司为了体现对员工的人文关怀，特意为单身员工(76%是90后)提供免费食宿，这在整个工业园都是绝无仅有的，按理来说这应该是一个留住人心的好对策，但是，员工们也是这样认为的吗?

午餐时间到了，小陈来到食堂，今天是两素一荤一汤，看着这些菜，小陈实在是没什么胃口。小陈偏爱辣食，可是这些菜都比较清淡，想着家里的美食，小陈顿时没了食欲，他勉强吃了几口，就放下了碗筷……

终于到了晚餐时间了，中午没吃饱，下午工作时就觉得特别饿，小陈决定出去吃：一定不能亏待自己，他邀上几个好友出去就餐了。

这样的事情在公司80后、90后员工的身上屡见不鲜，有的年轻员工甚至因为挑食，拒绝进食公司提供的免费餐，甚至出现工作期间晕倒的现象；一些员工对公司提供的免费住宿也有不满意，他们认为：至少也得按照三星级标准装修。

李成感慨：为什么提供的免费用餐这么不受待见呢？现在的孩子太娇气了，这个样子怎么能够扛得住事情啊!

4 尾声

2013年以来，这些繁琐的员工事件时有发生，李成感觉心力交瘁。业务工作已经占用了他80%的时间和精力，内部80后、90后员工的管理问题又层出不穷。他十分不解：公司处于创业初期，从整个工业园区来看，康健公司对员工的政策算是不错的了，且康健公司的发展势头大家都能感受得到，艰苦的日子都过来了，为什么这些80后、90后的员工不能够理解和配合呢？处于创业初期的康健公司如何培养和留住80后、90后骨干员工，如何提升这些员工的归属感和认同感，成为公司亟须解决的难题。

案例使用说明

一、教学目的与用途

(1) 帮助学生了解初创企业成长过程中人力资源管理所面临的危机，启发大家对人力资源的重视。

(2) 提示学生明白企业快速发展过程中，人力资源需求的变化，促使人力资源管理及相关部门认真思考人力资源管理与企业发展战略的匹配性，从而打造一支能够战斗的员工队伍。

(3) 使学生认识到中小型物流企业进入快速发展阶段时，如何权衡企业发展战略与人力资源对企业发展的作用，由完全物质资源主导型发展模式向以人力资源为核心竞争力的发展模式转变。

(4) 启示学生调查与分析80后、90后员工的个性特征，及其职业发展需求，提出相应职业规划管理激励方案。

(5) 初创企业员工现实需求与企业发展需求矛盾的协调。

二、启发思考题

1. 处于企业发展周期快速成长期的民营医药物流企业的业务环境对人才的吸引力是什么？

2. 康健公司的用人特点是什么？其主要人力资源政策是否反映了员工的职业需求？请分析康健公司对80后、90后员工管理中可能存在的问题。

3. 从各个关键岗位80后、90后员工状态，分析80后、90后员工的需求及其事业发展特点是什么？

4. 作为康健公司创业的三人团队，应该在人力资源管理方面做哪些努力，以吸引和留住80后、90后骨干员工？

5. 康健公司的企业文化与人力资源管理应该是什么关系？HRM部门应该如何在政策制定过程中充分表达企业文化？

6. 康健公司应如何提升内部员工满意度？请提出详细策略。

三、分析思路

首先，分析医药流通领域人才需求特点；其次，分析80后、90后人才总体需求特点；再次，分析康健公司发展的内、外部环境对人才需求的要求；最后，构建依据康健公司发展战略条件下80后、90后骨干员工管理方案。

案例八
高收入为什么换不来高满意度

案例正文

0 引言

元旦假期就要到了，可是 YB 公司的人事经理王燕却一点过节的心思都没有。节后第一次管理层会议将要集体讨论新的奖金方案，这段时间她一直忙于统筹全公司各部门及岗位的奖金方案，不断与部门经理和贺总经理进行沟通。每年到了发放奖金的日子她都很有压力，接连好几年都有员工来找她理论，特别是前段时间发生的加班费风波和拒绝工时任务下达事件更让她有种消防队员不断扑火的感觉。

1 公司背景

YB 汽车有限公司成立于 1995 年，位于辽宁省大连市，注册资金 292 万美元，是我国东北地区最早获宝马公司授权的 BMW 汽车进口商，从事进口宝马汽车的北中国地区的批售业务。2003 年 3 月，宝马集团与华晨中国汽车控股有限公司签订合资企业合同，并于 7 月份正式成立华晨宝马汽车有限公司，生产厂位于沈阳，同年 10 月快速推出了 BMW 318i、325i、520i、525i 和 BMW 530i 等型号以及不同配置的车型。此时，YB 公司得到华晨宝马集团授权正式建立 4S 店，从事汽车销售、批发、售后服务及零配件仓储等业务。公司目前每年营业额 6.4 亿元，本地保有客户 3 000 个。公司在辽宁营口等二线城市设立了 BMW3S 店，以争取更多的市场份额，同时在大连城市中心建立 BMW 品牌展示店。

YB 公司隶属于 YJ 德国汽车有限公司，该公司系美国花旗集团投资的全资外资公司。公司在管理模式上是集团式管理，各分公司实行总经理负责制，独立经营与核算。但各分公司所有业务部门经理受集团各部门总监直接监管。

2 公司员工构成

公司现有员工159人。从年龄结构来看，YB公司的员工普遍年龄较低，年龄最大的是50岁，最小的是21岁。其中以20～30岁的青年人居多(107人)，40～50岁的最少(11人)，另外还有41人属于30～40岁。

从岗位设置来看，YB公司岗位设置数前三的分别是技术人员(49人)、销售人员(30人)、行政管理人员(29人)。而中层管理人员和客服人员各占公司总人数的8%(13人)，还有25人属于后勤部门。

从教育背景来看，YB公司中专及以下的学历有45人，54人是大专学历，57人是本科学历，还有3人是硕士学历。

3 加班费引起的风波

2010年11月22日是一个普通的星期三，YB公司售后服务部经理崔宏斌像往常一样为部门全体员工开了早会。这一天，他公布了公司的一个重要决定：鉴于YJ集团为YB公司下达的2011年业务指标为增长20%，公司决定从本周末开始实行7天营业以确保完成2011年度运营计划。

具体规定是：一、后勤员工实行周六、周日轮流加班，周一至周五串休，不支付加班费；二、技术工人实行六天工作制，每位工人的日工时任务增长15%，奖金自完成任务90%开始计提，按每超出一个工时提成5元计算，比去年增加2元。但月末计算奖金时，公司将考虑双重支付问题，即公司已为员工支付了周末的加班费，就不能再支付工人因周末创造的工时而支付奖金。

在崔宏斌看来，这个新规定应该会受到工人们的欢迎。因为其他同行业公司的技术工人一直都是六天工作制，根本不存在加班费一说，而且YB公司员工待遇好，这在业内已经是公开的秘密了。这回加班费一加，大家的腰包更鼓了。

然而崔宏斌判断失误了……快到午饭的时候，他收到了一封来自全体售后服务部员工的联名申请，内容是拒绝周末加班，理由是“加班是不能强迫的”。崔宏斌觉得纳闷，但还是拿着这份申请书去找了人事部经理王燕。王燕正在办公室专心致志对着电脑做下一年的用人需求计划，崔宏斌的出现让专心的她吓了一跳。崔宏斌把申请往她面前一递，她就什么都明白了，说道：“这是贺总的想法，在公司高层例会上统一研究通过了，你们部门不同意执行，我们怎么开展工作啊？走吧，咱们一起去听听大家的想法……”

说着两人一起到了单位食堂。说起王燕，可算是YB公司的元老级人物，工作兢兢业业，为人坦诚热情，和单位的同事关系都不错。她一出现，就有几个售后服务部的同事主动来找她反映情况了。负责保修的小杨说："我不是怕加班，只是为什么我们后勤员工加班就不给加班费，让我们串休呢？技术工人加班就有加班费，可是加班是公司营运的需要，为什么报酬还不一样？这不公平啊。"

负责技术问题诊断的高级技工刘工接过话茬说道："在咱们部门，我的技术水平大家是有目共睹的，可是我的工资也不比谁高。我们做技术诊断的活，一个故障问题有时一天才能查出来，工时挣得太少。我虽然解决的都是难题，可奖金根本拿不到多少，多数情况都没有后勤部门的多，这合理吗？我们也承认公司在保险、住房公积金上确实缴纳额度很高，可我们个人承担部分扣完后，发到手上没剩多少钱了！而且也体现不出来我们诊断技师的重要，有时连任务都完不成。"

旁边一位刚入职一年多的初级技工小毛也抱怨道："像我们这样的小工，基本工资不多，加班费也同样的没多少。可我们每天都一样不停地工作，虽然都是机油保养的活，但这是快修，是公司售后主要的利润点。加了班，还得把这天干的工时扣去，心里就是不舒服！"听着听着，王燕和崔宏斌饭都吃不好了，他们商量着这事得向领导反映反映。

下午一上班，王燕就敲开了贺总办公室大门，听完王燕的叙述，贺总不紧不慢地说道："你们也知道，现在咱们市又开了第二家BMW4S店，这对YB冲击很大，意味着我们两家宝马经销商要平分市场份额了。这时候服务必须抓起来，况且经过调查，周末来修车的客户不在少数啊"，贺总一边说一边指了指案头的调查报告，"为了与同行竞争，我们必须开始实行七天营业。"贺总最后总结性的一句话像是给王燕下了任务书。

王燕有点糊涂地走出了贺总的办公室，暗暗叫苦道"贺总也不给我一点实质性的帮助就把这烫手的山芋扔回来了"。她心里想着事，一不小心和车间主任老赵撞了个满怀，老赵把王燕拉到一边，说，"王经理，不是我不能做下面员工的工作，现在最大的问题是工人加班了，收入更不公平！工人加班所得加班费完全是以基本工资来计算的，有些高级技师本身工资就不高，却做着高难度的技术诊断工作，工时任务和一般技师一样多，而且工资低加班费也低啊，大家当然没了积极性。像我们这种任务压力，是需要大家的冲劲儿的，员工有干劲儿，越早结工单，在厂维修车量越早出厂，公司当然就早收钱！这样才能保证每月完成任务。"老赵又补充道："况且不同技术水平的员工对公司的价值是不一样的，学徒工加加班可以学点东西，但许多工人宁愿在家休假！因为加班挣不了几个钱，对本人完成任务也帮助不大，毕竟周末来店客户对他们完成月度任务来说帮助不大。”王燕连声说是，决定硬着头皮再去找一找贺总。

当她再次出现在贺总办公室时，带来了一个缓和劳资双方矛盾的方案，她提出公司可以先承诺员工在短期内将基本工资及工时任务做一个调整，按技术水平和服务年限将高级技师工资给予一定涨幅，“贺总，为了保证新政实施，只有用这个方法先安抚员工的不满情绪了，要不然，我也没办法强迫他们来加班呐”，看王燕一副为难的样子，贺总只好勉强答应了，思忖着：上面的责问，只好自己想办法去面对了。因为 YB 是集团公司，很多事情都是需要请示汇报的。现在为了保证周末正常营业，只好先采用这缓兵之计了。

贺总那边终于松了口，王燕不敢懈怠，赶紧给崔宏斌打电话，建议崔宏斌召开部门会议。首先表示理解大家的想法、会慎重考虑员工的建议，并将公司下一步要做的改革通知大家，这样员工才同意了周末加班。可这件事情过后，许多人心里都开始打鼓，以往公司多次提出要做薪酬等级划分都无果而终。大家都持观望的态度在工作，积极性明显不如从前。王燕也深深感觉到要做起来没那么简单，关于工资等级划分等一系列关于薪酬管理方面的事儿可是好几年都没有解决的老大难问题，这次会得到多大程度的支持呢？

4 拒绝工时任务下达事件

按照 YJ 德国汽车集团的日程表，对于管理层来说，每年的 11 月都是一段艰难的岁月。因为这时是各地公司回顾本年度业绩，进行总结并制定下一年度费用预算及增长任务目标的日子。这时人们都学会了讨价还价，对于 YB 公司的工人来说也不例外。

经过上次加班费风波事件，售后服务部经理崔宏斌认识到了部门存在的问题。他建议将公司总部的售后服务奖金体系引进 YB 公司，以此激发工人的积极性。王燕非常支持这个想法，她和贺总就此事的沟通也进展得十分顺利，于是她很有信心地将售后服务奖金奖励规定下发了。这次，工人对这套方案没有异议，但都和王燕表达一个念头，无法完成！也就是拒绝这样一个不切实际的任务目标！

下班时在班车上，车间几名技工围住了王燕。一位工人诚恳地说：“王经理，我们也承认公司福利确实不错。但就是有时你们领导们做事有点不实事求是，你们每年定工时任务，都会造成我们的抱怨情绪。这次崔经理也是好心，可他只站在公司的角度下达工时任务，只想着公司如何完成任务，完全不考虑我们的实际能力，累死我每月也干不到 1 350 个工时啊。你们的奖金方案再优越，我们够不着也没用啊！”

坐在一边的小刘是个刚毕业的汽车专业大学生，在车间做实习技工，虽然目前还不能独立工作，但对车间管理的许多问题都看在眼里，很有自己的见解，他说：“我觉得我们的绩效考核体系需要重新制定，适合总部的不一定适合我们。我们工人的技术水平不一样，但不代表技术水平低的工人创造的工时少。一个员工看重的是他的总收入，他们通常念叨着把奖金、工资、加班费都算一起拿了多少，而公司管理层却总是分开来看。”王燕点着头思考着，有些苦衷她无法和员工吐露。

第二天，崔宏斌了解到情况后最终还是作了让步：将工时任务目标定在原来的 85%作为奖金计算的起点，贺总也答应了，这场风波才得以平息。可在大家看来，怎么管理层总是做这样顾头不顾尾的事呢？其实王燕自己对此也深有体会，YB 公司是隶属于 YJ 德国汽车集团，集团对于所有部门的业务都实行直线管理，关于薪酬的管理问题不止一次上报总监及总经理。人事总监也花费很大精力聘用了外资调查公司在全国汽车行业做薪资调查，调查结果显示 YJ 集团的支付水平在同行业属中上等水平，可为什么我们的高工资没有起到应有的作用呢？这次承诺了员工要做薪酬等级划分，贺总虽然表态了要支持，但一涉及增加人事费用时就打了退堂鼓，并且各分公司总经理基本是做销售管理人员出身，对任务目标、数字很敏感，可对于人力资源管理却了解不多。

5　无法达成一致意见的奖金方案会议

转眼到了 2011 年，周一是管理层例会时间。贺总召集了各部门经理讨论 2011 年奖金考核方案，给人的感觉很郑重，大家都看得出来贺总很重视今年的奖金方案，于是都准备好了各自的建议准备发言。

贺总做了开场白：“今天找大家开这个会是想共同讨论一下 2011 年的奖金激励方案。我有一个原则，就是所有岗位都要非常细化，不只针对是技工和销售人员等一线员工量化考核，对售后员工能量化的还要量化，否则其他员工都在混着拿奖金。特别是销售人员我们要考核利润，有些销售人员卖的车不少，但公司没挣多少钱。同时，客户满意度、保险、贷款都要考核。还有最重要的就是配额，所有指标如果不达标都要扣款！”

销售部李经理是个急性子，贺总话音刚落就回应道：“贺总，我理解您的意思，但不能让销售员感觉我们凡事都是扣钱：表现不好扣钱、违反制度扣钱、佣金也是以扣为主，给员工的感觉是我们没别的办法就是扣钱。销售人员需要激励，我们可以往上加，形式是一样的，效果却不一样。”

贺总听得也很不舒服，接着说：“如果你有更好的办法使销售 CSI 达标、销售额达标，解决目前绩效差的问题可以不扣”。李经理不再做声，因为贺总所说的问题的确存在，也是销售部目前最大的问题。

接着轮到售后服务部经理崔宏斌发表意见了，他说：“我们的技术工人可以量化，可后勤员工无法量化。他们的工作都是有联系的，一个员工的工作出现问题不完全是一个人的问题，而是两三个员工的工作都有问题。比如说，保修专员的报告没有及时发到 BMW 总部造成拒赔，不完全是他的问题：一是技术人员诊断效率低；二是技术支持专员的技术报告发送不及时等。所以出现拒赔不能由保修专员一个人承担责任，可我们也不能每一件事都彻底调查追究，有些问题在售后很普遍。”

“崔经理的想法我很认同，”财务部周经理说道：“我的员工我只重视他的工作态度，业务能力方面在入职时和试用期间就有考核的。我们的工作无法量化，我能看他们一个月做多少张凭证？显然不现实啊，他们工作态度好坏我是能客观评价的，我看去年的打分就挺好。”

人事部经理王燕对奖金方案很有感触，她说：“我们公司最近几年的奖金发放引起很多员工抱怨是个老问题。虽然我们人事部每年参与奖金方案的制定，但首先要尊重业务部门经理的意见。可是每年的奖金方案都不成功，不但没有激励员工更努力的工作，反而造成内部攀比，员工都说心理不平衡，这样的效果还不如不发奖金！今年我希望并建议公司在奖金制定的过程中多让员工参与，多听听员工的意见，在操作过程也要做到公开、公正、公平；同时业务部门经理提供更多的信息保证我们的奖金方案更科学。”

此话一出，保险部张经理就不乐意了：“你们后勤经理不了解业务，我们所有的建议都是充分了解员工工作的情况后制定的，不是凭空捏造的，一线的员工与后勤的不一样！”其实，张经理这样说是怕今年把他们的奖金计提比例降低。因为前一年的操作过程中发现保险部的提成过多，但他们的工作难度不大——多数投保的客户都是在公司卖车过程同时成交的，这其中很多是销售人员的功劳。有时保险部的员工佣金比销售员多得多，销售员们也在抱怨：如果这样还不如卖保险，不卖车了。

“我看大家的意见还是很有道理的。这样，王燕，你们下去再做做员工调查，和各业务经理好好沟通一下，尽快提交一份报告，把我们的奖金方案好好完善完善。我们再找时间开一次会议把最终方案定下来。”贺总看这样的情况很难达成一致意见，便做了最后总结。一次无法达成一致意见的奖金方案会议就这样散了会……

案例使用说明

一、教学目的与用途

本案例的教学目的在于通过对YB公司存在的薪酬管理问题的描述，引导学生结合相关薪酬管理理论对YB公司原有的薪酬体系进行诊断，并进行重新设计。

二、启发思考题

1. 你如何看待YB公司出现的员工不满情绪？你认为出现这些问题的根本原因是什么？

2. 你认为YB公司在薪酬管理方面存在哪些问题？

3. 如果你是贺总，你认为应该如何解决这些问题？

三、分析思路

教师可以根据自己的教学目标（目的）来灵活使用本案例。这里提出本案例的分析思路，仅供参考。

1. 结合行业特点以及YB公司背景、员工构成情况进行分析

首先，YB公司管理层普遍年轻，基本伴随汽车经销商行业的发展而发展的，同时行业整体管理水平有限，YB公司管理层对人力资源管理意识相对薄弱，缺乏人力资源管理理念，更对实际操作缺少经验，当发生人员管理问题时，经常想解决眼前诸多棘手问题而不知从何下手。同时经过市场调查，各经销商高管层多数为市场营销人才出身，此类人员对于人力资源管理经验欠缺，过分看重短期利润，而对企业长远发展打算不多。

其次，YB公司是汽车经销商，是属于产品流通的第二环节，在与生产厂家的沟通上话语权受到很大限制，厂家为了树立品牌形象，对经销商限制很多，特别是在人力资源配置方面，均要服从厂家安排，并且厂家很想在管理细节上也要树立大品牌的形象，可目前经销商的企业管理水平与所经营的品牌发展阶段不适应，从而产生了员工心理的偏差，这是因为许多员工加入经销商的企业初衷是因品牌而加入的，想当然的对福利待遇及职位发展抱有很大期望，而现实情况是经销商的企业发展及管理水平都在初级阶段，这样便产生了矛盾。此外，国内同等经销商的经营状况普遍处在经营成本高，利润走低的趋势，因此在人力成本投入方面受到限制，由于经销商企业经营情况及实力的关系，某些人员配置及要求与厂商要求发生矛盾，不得不为了节省本成而企图用最少的人力

成本投入创造最大的利润空间，可由于管理水平有限，导致员工的抱怨情绪增多。员工对于收入水平的抱怨直接导致公司经营成本加大，工作积极性下降，从而对公司经营产生负面影响。

最后，由于YB公司所经营品牌的是依赖于厂商的，且经营品种单一，目前国内各大汽车厂商的发展趋势是以最快的速度发展经销商，以此扩大市场占有率，这就导致了专业技术及销售人才的职业选择空间会更大，对企业的忠诚度降低。同时经销商之间也会由于竞争过度，专业人才缺乏，不得不互相挖墙脚，导致人才流动较频繁，团队不稳定。这也对YB公司如何解决员工抱怨的能力提出了挑战。

2. 从YB公司的人力资源管理体制角度进行分析

从YB公司目前出现的一系列问题可以看出，该公司人力资源管理机制不健全，主要表现在以下几方面。

(1) 没有一套适合本企业的薪酬体系。从案例中YB公司员工对于加班费、基本工资、奖金的抱怨可以看出，YB公司虽然在行业中支付水平不低，但其管理层对于薪酬体系尚未有一个总体的把握，反而员工自己算计着收入多少合适。

YB公司应该确立技术人员的薪酬体系，是以职位薪酬体系为主，还是以技能薪酬体系为主，或是以能力薪酬体系为主，否则就会使整体薪酬管理没有了方向，到具体执行层面上更是理不清思路。

从行业收入情况来看，虽然其他公司不给加班费，收入低，但由于YB公司是外资公司，员工福利费完全按国家及当地规定执行，使每月现金收入减少，而其他公司在技术人员的薪酬体系设计上，是福利少，基本工资少，但绩效奖金高。这种方式对很多年轻员工是很有激励作用的。所以YB公司应根据技术人员、销售人员等岗位性质不同，特别考虑其薪酬体系设计。这样才能体现其职位价值及个人价值。

(2) 企业内部薪酬结构有问题。YB公司企业内部员工的收入攀比问题体现其薪酬结构设计的问题。有员工抱怨后勤员工奖金比技师高、技术人员是创造生产力的一线，为鼓励其创造更多的价值，应在奖金收入上高于后勤员工。同时保险部员工的奖金收入中来自于内部销售人员转介绍的客户佣金不应过高，因为其相对于销售人员所做的前期工作来说价值较小一些。这些管理层应该有清楚的认识，在进行奖金分配时应作出判断。

(3) 未建立科学的绩效考核体系。YB公司每年为技术工人定任务，却从来没有形成一套绩效考核体系，员工不知道什么样的工作才是有价值的、该被认可的,多少工时任务对于现有人员结构及技术水平是合理的。既然定奖金就是要激励员工创造比原来更大的价值,而由于管理层简单地从企业利益考虑,忽略员工实际能力及员工心理期望,造成了管理层与员工之间的矛盾,给员工很失望的感觉。

YB公司管理层对绩效管理缺乏准确地理解,忽视绩效管理的过程管理,同时并未对任务指标进行科学的分析,只是一味地定数字,没有绩效沟通环节,导致企业绩效考核失效。此外,中高层管理者的观念和执行力也是影响绩效管理的重要因素。YB公司必须对绩效管理有清醒地认识,把绩效管理作为战略规划目标“落地”的工具,从而实现从战略再到实际执行的贯穿。

3. 从领导层管理理念角度分析

YB公司的组织架构是集团式管理,总经理对各分公司全面负责,而销售与售后业务的人事与财务管理上同时受集团总监监管,这在实际操作时势必会导致由于管理层意见分歧造成下一层面的执行困难,并直接在员工薪酬管理上体现出来。目前情况是公司总经理及中层管理人员在员工管理问题上很激进,考虑问题不全面,未充分站在员工的角度想问题,一味追求完成任务,却忽略了人力资源建设,未认识到要使客户满意度提高,首先要提高员工对公司的满意度。同时,管理层对于员工管理的理念要达成内部共识。

案例九

难请难安的海外派遣人才

案例正文

0 引言

林琳是总部位于印度的业务流程外包专业企业G公司大连公司的人力资源总监。现在虽然是中国的"五一"长假，然而总部所规定的每月月初的高层例会并不会因此取消。林琳知道，5月2日的例会是个特别例会，意义非同寻常，不仅她和4个主要业务部门负责人、财务总监、大连公司首席执行官参加会议，而且G公司全球总裁也飞来出席会议。会议的主题依然是迅速解决人才短缺以满足公司日益增长的需要。目前困扰公司的一个巨大瓶颈就是一些高端业务，往往因为找不到现成的人才而不得不放弃，眼睁睁看着高利润回报的业务单子拿不下来，所以公司上下都非常着急。其实，人才短缺一直是最近几次例会讨论的主题。而人力资源部在过去几个月中对招聘和培训一直是重拳出击，如通过猎头公司、名牌高校、员工推荐等各种渠道向全国各地尤其是北京、上海人才聚集地广招人才；还与外部培训机构合作制定培训计划，请集团公司在世界各地的运营中心的专家进行系统内训。然而，3个月下来收效并不明显。看来人才的获取和培养绝非一朝一夕，大家一筹莫展。

对于缓慢的进展，G公司全球总裁显得有些不耐烦，"不要再自己埋头干了。大连公司在中国所经历的发展，跟几年前的G公司在印度所经历的是一模一样的。我们已经有了解决这些问题的经验和能力，为什么不能从印度派遣专家到中国来？我要看到人才在我们各个运营中心内共享。"财务总监这时与林琳对视了一下，林琳发现她也是一脸的凝重。可能接受总部外派人员是目前的唯一出路了，但是根据以往的经验，海外派遣必然带来成本的增加和跨文化沟通障碍等许多棘手问题，林琳不由得忧虑了起来。

1 G公司背景

1.1 业务流程外包行业的背景

业务流程外包(Business Process Outsourcing, BPO)是指企业将自己部分重复性、有固定操作流程的工作，如财务结算处理、客户关怀、金融保险后台支持等，转交给第三方，由第三方按照约定好的执行标准和流程进行管理的业务活动。企业通过外包，不但获得专业化规模性服务，而且使自身能整合优势资源专注于其核心业务，提高盈利能力，增强竞争力。

过去十多年间，世界范围内业务流程外包服务的业务发展迅猛，主要是由于企业持续不断地将它们的注意力集中在核心业务的发展上，而积极地寻求机会将非核心的后台支持功能外包给服务提供商，而这些服务提供商则通过更加专业化和更大的规模获得效益。由于印度、中国和菲律宾等发展中国家拥有大量廉价而又训练有素的劳动力资源，而全球通讯成本不断降低，这几个国家迅速成为BPO这一新兴行业的崛起地，它们的离岸(off shore)BPO又是整个BPO中发展最快的部分。跨国公司如通用电气(GE)、花旗集团和英国航空公司已通过海外外包服务取得更高的效率和更低的成本，它们的成功则为海外服务供应商提供了广阔的商机。原通用电气集团总裁杰克·韦尔奇说，“你的后院是别人的前厅”“不要占据一个食堂：让一个食品公司去做吧。不要开一个打印车间：让一家打印公司去做吧”。这一“后院前厅”的比喻给近年来全球化公司大刀阔斧地转包自己的非核心行政处理业务提供了一个有力的注解。根据National Association of Software and Service Companies的数据，2003—2008年，印度一个国家的BPO服务收入预计将以每年57%的增长，从2003年的22亿美元发展到2008年的210亿美元。

中国作为最大的发展中国家，在BPO外包业务方面也拥有得天独厚的优势。印度多年离岸外包已经造成外包企业人力资本的持续上升，此外，许多公司希望同时在中国和印度两个国家进外包选择，从而降低依赖风险。在科尔尼所发布的《2004年全球离岸外包目的地吸引力指数调查》中，中国已经成为仅次于印度的最具吸引力的全球离岸外包目的地。大连市政府不失时机地抓住机遇，把发展服务外包作为转变对外贸易增长方式、提高对外贸易的质量和效益的重要途径，依靠便利的地理条件、先进的人才培养基础设施和优美的城市环境，大力扶持和发展服务外包这一极具潜力的新兴产业。经过多年的努力，大连的服务外包行业取得了长足的发展，已经成长为中国外包模范城市。仅2006

年上半年，大连市软件与信息服务业总销售收入为70.77亿元人民币，同比增长45.12%；完成出口2.23亿美元，同比增长59.19%。今年预计出口可达4亿美元。

按照大连市规划，软件和信息服务业将成为大连第一大产业。目前大连市软件业以每年50%的速度增长，尤其是在承接国际产业转移方面，大连已经成为东亚地区软件外包、开发和业务流程外包中心。当前电子信息硬件产品制造业已经在东南沿海地区完成产业布局，而大连在新的一轮国际产业调整中，要力争成为一个"世界办公室"。

1.2 G公司介绍

就是在这样的一个大背景下，2000年6月，作为第一家进入中国的专业性外包公司，G公司进驻大连建立大连公司。G公司9年前从印度起家，原是由世界最大的多元化经营集团通用电气公司成立的专门为其遍布世界的各业务集团从事业务流程外包的一个事业部。2005年1月，通用电气集团将其拥有的60%的股权转让给另外两家美国投资公司，自此G公司从通用电气独立出来，开始了大规模的业务扩张，不仅面向通用电气，与其他世界知名企业如日产汽车、戴尔计算机、霍尼威尔、辉瑞制药等也开始了业务合作，提供财务、人事、IT等后台管理专业服务，目前已发展成为BPO领域最大的专业集团公司。全球拥有员工2万余人，分支机构16家。在日前由NeoIT and Global Services杂志组织的全球BPO业内最佳企业的评选中排名第二。

G公司运用了全球化的矩阵式组织网络，在各地区运营中心，根据需要以单一客户，或者提供某一专业服务内容组建业务单元，称作"卓越中心"(Center of Excellence, COE)，各地区的卓越中心，又与总部的卓越中心形成紧密的合作关系。这种先进的网络结构将散布在全球各地的潜能和技术资源整合起来，旨在获得BPO行业所需的规模经济和专业化服务的特殊优势，在企业内部，也容易共同分享资源，集体实施行动，确保为遍布美国、日本或欧洲国家的客户提供标准统一的高质量服务。

为满足客户日益增长的多元化服务需求，G公司立足大连，建立了长春和上海两个分支机构，使公司更具有成本优势和技术优势，成为辐射全国的行业领跑者。公司运用先进的计算机技术和网络通讯手段向位于中国大陆、日本、韩国、新加坡、中国香港等国家和地区的客户提供远程的跨区域的各项专业服务，业务范围涵盖信息技术支持、客户服务、财务分析与管理、供应链管理、金融保险业的交易处理等。已成为目前大连地区BPO业务中规模最大，业务服务范围最广的全球化公司，已经拥有员工1 900人。

1.3 G公司的人才短缺困境

随着公司业务的不断拓展，G公司大连公司所提供的服务已经渐渐向产业价值链上方转移，由单纯的数据处理和电话服务中心，向高端外包服务项目转换；而业务内容正向IT咨询、财务分析，供应链管理方向扩展。但是有从业经验的人才数量在大连甚至在全国都是极为有限的，而以公司目前现有人员的知识结构和技术能力还远远不能满足业务增长的需要，人才缺口成为制约企业快速发展的瓶颈。如何着眼未来，制定人才储备发展战略，为可持续健康发展提供强有力支持，是摆在人力资源总监面前的头等大事，也是大连公司的头等大事。

G公司全球总裁在一次特别例会上谈到促进在G公司内部跨区域人才流动和经验分享的新举措。虽然，通过海外派遣带来先进的管理和技术的转移这个战略措施非常必要，但是调配人力资源远非调配资金或生产物质资源那般单一，海外派遣首要考虑的问题就是如何把个人的需要与组织的需要匹配起来。因此，有效安排跨国调动，妥善处理相关事宜成为一个亟待解决的新课题。

2 全球化企业人才配备

2.1 人才配备模式

商业全球化(globalization)已经迅速成为当今商业环境中不可分割的一部分。任何一个在全球范围内运营的国际企业，都面临着同样的挑战：如何在公司关键岗位配备人员，实现资源、人才和经验知识的共享，在全球化经济环境中保持行业领先地位。

全球化企业人才配备战略主要有三种模式：以民族为中心的政策(ethnocentric staffing policy)，多个中心的政策(polycentric staffing policy)和以全球为中心的政策(geocentric staffing policy)。

(1) 以民族为中心的人才配备。以民族为中心的人才配备即所有关键管理岗位由总公司所在国国民派出担任。这一战略一度被广泛采用，典型的企业如日本丰田汽车、松下电器和韩国的三星电子等，其在海外的分支机构都由派驻的本国人主持工作。这些外派经理人通常已经在公司总部有过相当长的工作经验，或者曾经被派遣到集团其他分支机构，所以，他们更了解企业文化、政策以及当地分支机构在整个全球网络中的角色和责任，这些经验和知识能最大限度地转移核心竞争力，保持企业文化。然而如今采用这种配备战略的跨国公司已经越来越少，日产汽车、索尼这样传统日本企业也纷纷开始聘用“洋将”担任日本集团公司的总裁了。以民族为中心配备人才大大限制了东道国国民的升迁机会，“玻璃天花板”导致反感情绪，生产效率下降，团队内部合作交流障碍丛生，优秀管理人员流失，再加上外派经理与本国国民薪酬的巨大差异，增加了不公平感和矛盾。更重要的是，在激烈的市场竞争中，跨国公司首先要克服外派人员的文化差异议，迅速适应国外市场环境和工作环境，但是实际上外派人员必须要花费很长时间了解新文化和适应新环境，所以初期往往只能照搬集团总部的市场营销和管理方法，结果很容易犯"水土不服"的错误。

(2) 多个中心人才配备。多个中心人才配备方法是招聘东道国人员管理当地的子公司。这种方法使本土人才的能力得到充分施展。这个模式使用本土人才资源，他们具备丰富的本土"作战"经验，了解本地市场和商务实践，同时建立了稳定的商务关系和人际资源。多中心人才配备模式回避了高层经理的海外派遣所要支付的高额成本，可为企业节约经济成本。然而它的缺陷也很明显：由于总部与分支机构相互独立，加之语言或者文化上的巨大差异，使东道国企业缺乏与总部的密切联系，东道国员工获得本国以外的经验和见识的机会也很有限，导致全球一体化推进与资源整合困难重重。

(3) 以全球为中心的人才配备。以全球为中心的人才配备模式是指在整个全球化的组织范围内寻找最佳人选进行工作委派，而不论雇员的来源国别。这种方法是在全球范围内配置母国人员、东道国人员和第三国人员从而实行管理人员的最优化组合，即把人才资源和潜能以全球联网的形式组合起来。然而，成功实现这一战略却受到多个条件制约。首先是外派经理的薪酬定价问题。全球化公司的各个分支机构所在的国家和区域的不同使得雇员的薪资水平是有差异的。而全球调配的外派经理所享受的是国际基本薪酬待遇，往往比许多当地国家雇员的薪资水平高很多，使全球化的人才配备非常昂贵。所以，很多国家在雇用外籍员工的问题上持保守态度，可能会要求优先录用本国国民，或者要求外派经理提供复杂的文件手续，使外派雇员的雇佣时间冗长。其次在全球范围内聘用，必须进行语言和文化的培训，这也会增加人才配备的时间和费用。总之，全球中心的人才配备需要较长时间的人事准备过程以及较高的人才配备的费用。

上述三种人才配备方式都在中国的跨国企业中不同程度的存在。大部分日、韩资企业主要采用以民族为中心的人才配备方式，总经理甚至各部门经理的位置仍然由日本、韩国人占据着，在大连开发区的各家日资企业中，虽然长期派驻的日本管理人员逐渐减少，但关键管理岗位还是难觅中国人的身影。某些中小型跨国企业在中国的分支机构规模尚小，或主要管理范围是有限的国内市场，所以更多雇用中国本地人进行管理是多个中心人才配备战略。还有相当一部分的知名跨国公司或全球化公司，采用以全球为中心的人才配备手段在整个组织中寻求关键岗位的最佳人选而不论国籍。一些具有海外学习工作经历的甚至具有管理经验的外籍华人，往往被派遣到中国大陆分支机构承担重要的管理角色，如微软、摩托罗拉等高科技企业都纷纷启用外籍华裔担任中国公司高管人员，实现了秉承母公司文化的同时适应中国管理环境和特色的有机融合。

2.2 人力资源本土化进程

全球化人才配备模式使当地的人才资源得到培训，人才的实际能力不断提高而能够逐渐地满足总部的要求，所以许多跨国企业或全球化公司，在经历了民族主义、多国人才以及全球化的人才配备模式之后，共同的人才配备趋势是实现人才的本土化，其目的在于支撑公司的国际化、全球化经营战略。人才本土化的巨大优势在于大大降低了人才配置的成本，同时当地人才对自己的文化、经济和政治体制以及市场规则比从其他国家来的高管更加熟悉，再加上他们的能力水平已经能满足总公司的要求。诺基亚中国、联合利华、摩托罗拉等众多公司中的90%以上的高管已经实现了本土化。所以本土化不等于多国中心人才模式，而是在公司实现全球化配备后当地人才资源成长起来后的重要举措。

2.3 大连地区BPO企业人才配备

目前，大连软件园里的外包中心(BPO)大多是欧美发达国家世界五百强企业的分支机构，其高层管理者主要来自印度、日本和中国本土。印度作为世界外包发源地，拥有最先进的行业知识和先进的技术、管理手段，他们的到来会极大地促进行业技术知识的快速移植，所以G公司在中国市场劳动力资源的水平和能力还没有满足总公司要求的前提下，主要采取从印度派驻经理的全球化人才配备战略。由于大连许多外包中心的目标服务对象是日本和韩国，所以来自这些国家的外派高层经理自然更了解本国客户的特点和需求，更有可能赢得客户的信任和满意。中国本土的管理者已经越来越突显自己的独特优势，他们大多有很强的外语沟通能力，又了解当地实情以及本土实战经验，所以迅速成为母公司宝贵的人才资源。他们秉承母公司文化，是分公司与母公司紧密相连的最佳桥梁和纽带。所以大部分的跨国公司采取人才本土化的配备模式。

3 印度派遣人才的进入

3.1 G公司大连分公司的人才配备

自2002年起，G大连公司开始出现来自海外的派遣经理，人数不多，主要集中在较高级别管理职位如CEO、人力资源总监、市场开发部总监、部门运营总监等，就任时间都较长，通常2～3年，国籍也很多样化，如日本、美国、香港、澳大利亚、印度等。自2005年年初开始，随着本土人才培养日渐成熟，部分高级管理人员已经完成使命，离开中国，已经娴熟掌握多门外语、具备丰富的实践经验的本土经理们担当起各部门负责人。2005年年末，新一轮海外派遣项目开始启动。这次派遣，呈现出与以往不同的新的特点和趋势：

（1）被派遣人员来自BPO行业的中心——印度。这与通常谈到来自欧美、日韩这些经济发达国家总部的“外派经理”（expatriate）很不一样。印度作为亚洲第二大发展中国家，在过去几年中，BPO和软件服务业获得了举世瞩目的发展，带动了国家整体经济增长。作为BPO行业先锋，G公司总部汇聚了技术一流、经验丰富的世界级顶尖人才。越来越多的皮肤黝黑，操着浓重印度口音英语的经理们出现在大连运营中心。

（2）被派遣人员背景多样化。有些是中层的管理人员，也有一些是有一技之长的技术骨干。他们中大部分都不曾在印度之外的国家工作过，有的来中国之前没有很多的管理经验，有的甚至没有坐过飞机。他们的使命很明确：传授技术，带出徒弟，在中国建立起一模一样的业务流程，确保它正常运作，然后返回。派遣时间长短往往取决于所承担的项目。

3.2　印度外派经理与中方员工的冲突

目前G公司大连分公司中已经有几位来自印度的中层管理者，他们分别承担着质量、培训和技术岗位工作，在大连计划任职时间1年到1年半不等：

林琳在5月2日例会后就再也没有时间休息了，她打算在“五一”长假期间先制定招聘印度海外派遣经理的初步计划方案。5月3日，一早她来到办公室打开电脑，一封部门经理的来信吸引了她的注意力。该部门两个月前来了位印度派遣的技术经理，负责某一日本客户的IT网络基础设施的维护与更新，他的三个团队成员都是中国员工。这位经理只能说英语，对于下属的工作事无巨细亲自过问。大家认为他不了解具体情况，照搬印度那一套，经常自以为是。团队成员都是以日语为工作语言的技术人员，他们可以用日语熟练地与日本客户直接沟通，而英语交流却让他们非常为难，而且印度经理要求他们写英文报告，给本来就满负荷的工作额外增加了难度。

事事汇报所带来的不信任感以及语言表达中的障碍和要花额外的精力学习写英语报告的要求成为一道巨大的鸿沟横亘在这位印度经理和他的团队成员之间，双方冲突频繁发生。两个月下来，团队里的3个人都纷纷递交了辞呈。

这已经不是第一次出现类似的派遣经理与中方员工发生矛盾的情况了。很多中方员工抱怨外派经理的工作方式与他们非常不同，比如印度人上班习惯性迟到，不遵守时间；光说不做，不能贯穿始终；不了解当地实情，自我为中心等。由于双方没有一致的沟通语言，更增加了运营和管理的复杂程度。员工掌握的工作语言主要是日语，因为大连公司的主要客户是日本企业。而作为运营机构遍布全球多个国家和地区的全球化公司，英语又是其“官方”语言，所有的与总部和各地区子公司，甚至大连公司进行的沟通和文书传阅，都是用英语。那么对于大连公司70%的以日语为工作语言的员工来说，面临着巨大的语言学习的挑战。

林琳意识到现在这个时候换掉印度经理显然不现实，而团队成员也要挽留。所以决定在这个项目的进行期间先找一个翻译，帮助克服语言上的沟通障碍。同时高层管理者也要多花一些时间加强对这个团队的监督和管理，而且，要尽快找到合适的继任者。毕竟，1年之后印度外派经理就要结束他的中国派遣任务而回国了。她打算长假之后把这个想法跟公司高层沟通。

3.3 外派经理招聘计划搁浅

长假刚过，各业务部门纷纷行动起来提出了增加外援的计划，不出一周时间，经人力资源部和财务部及首席执行官审批通过的“外援”需求计划表，报到了印度G公司总部：从质量控制，到专业培训、流程专家，大约有十几个空缺，等待来自总部的专家的填补和支持。推动这个项目的专款也经由总部很快批了下来，大家不禁轻轻松了一口气，期待着一两个月内印度外派人员能够迅速到位，人才吃紧的局面在不久的将来就会有所改观了。

然而，事情的进展并没有想象中的顺利。令管理层始料未及的是，1个月过去了，十几个中层管理岗位和专业技术岗位中，一大半还没有确定人选，也就是说，有一大半推荐的候选人都不愿意到中国来。该做的说服工作也做了，一揽子薪酬福利调动政策也出台了，可是，仍有很多人拒绝赴中国工作。

原本以为从印度到中国工作，应该会是很多印度同事向往的，然而事实证明这种跨国外派似乎并没有什么吸引力。只有少数几个人很爽快地接受了派遣，开始了调转的准备工作，而其他人都在观望，或者谈条件，争取更多的待遇、或者干脆拒绝了。

看来，不仅要想办法帮助派遣经理们到了中国之后如何克服文化障碍，缩短磨合期，与中国同事同心协力；而且还需要先期制定有吸引力的跨国人才配备方案，激发他们到中国工作的热情。

3.4 何去何从

林琳回顾2005年以后G公司海外派遣的新特点，感到中层技术和管理人员的派遣与过去高层经理的派遣非常不同，总公司和大连公司的激励措施有待于改进。

G公司基于成本和收益分析，希望有效利用公司内部的人才资源进行全球化的人才配备，通过甄选最适合的海外派遣经理，提供系统的全方位支持，帮助两国员工克服文化差异，协同合作，提高为客户服务的效果。这是人才跨国流动的初衷所在。区别于高级管理人员的长期派遣安置，往往留给员工的只有短暂的准备时间，紧凑的日程，一旦审批结束要立刻成行，几乎没有任何前期培训和对新工作环境的预先了解过程；没有任何外语基础，只能靠英语进行沟通；就任后巨大的文化冲击和生活习惯变化在短时间内难以适应；公司提供的福利待遇仅参照中国同级别员工水平制定，与高层外派经理的福利待遇相差悬殊；而且他们的随行家属就业和孩子教育都要中断；刚刚有点儿适应了大连的生活环境，转眼就到了归国时间。无论是经济收益或是职业发展，印度外派经理都感到他们的巨大付出与回报很不相称，这样的海外派遣实在不具有吸引力。因而，有相当一部分印度同事拒绝到大连工作。

过去一年海外派遣实践，并没有起到立竿见影的效果，大连公司员工的知识、技能也未见明显改善。可是为外派经理所配备的翻译、其他后勤支持、工资管理等的行政成本却在节节上升。更可怕的是大连公司内部正慢慢聚集着一种对总部派遣人员的反感情绪。

林琳深深感到在海外派遣过程中存在两方面的问题：一是难吸引，二是难合作，也就是难请难安。难请是因为在薪资结构上需要考虑很多，对于外籍员工的工资需要新的职位匹配结构。除了基本工资外，还要考虑到外籍员工的一些特殊要求，如租车、租房、子女入托、老人照看、配偶就业、医疗、日常生活管理等一系列问题。如何出台一揽子政策，针对不同级别、不同工作性质的外籍员工制定相对公平的操作办法，即满足他们作为外派人员的多种需要，又结合公司的公平雇用原则实现统一管理。难安是因为即使外派人员来了，也会因为种种期望值与现实的不符而不断抱怨；他们与本土员工语言沟通存在障碍，容易在相互理解上产生矛盾；又与本土员工因工作方式不同而导致分歧和矛盾。面对这样的状况，林琳感觉自己身上的担子很重，在引进和安置海外派遣人员方面不知从何入手。

案例使用说明

一、教学目的与用途

本文介绍了G公司大连分公司在从印度总部引进专业技术和中层管理人员过程中遇到的吸引难和管理难的问题。通过对该个案的学习、讨论和研究，结合全球人力资源管理理论、战略人力资源管理理论、激励理论和跨文化管理等相关理论知识，通过对冲突的分析，找出冲突存在的根源，从而倡导全球化思维方式，创建开放包容的企业文化；建立科学的甄选流程、合理的补偿机制、完善的支持体系、全面的培训制度、客观的绩效评估和持续的职业生涯管理和辅导流程，推动组织商业目标和派遣员工个人职业目标的双赢。通过这几个方面研究和学习有助于学员对该类问题的深入理解。

二、启发思考题

1. G公司总部员工不情愿接受海外派遣的原因有哪些？

2. 如果要你作为大连分公司人力资源总监，为了吸引海外派遣人员，你要从哪几个方面建立和完善针对外派人员的人力资源管理制度？

3. 你认为哪些方面会影响海外派遣候选人接受海外委派任务？

4. G公司大连分公司中存在的文化冲突带来了哪些问题？应该采取什么措施来降低文化冲突带来的消极影响？

5. 你认为是否需要对外派人员进行出发前的培训？如何能够提高海外委派的成功率？

三、分析思路

教师可以根据自己的教学目标来灵活使用本案例。我们在这里提出本案例的分析思路，仅供参考。

1. 从G公司总部员工是否接受海外派遣的犹豫不决入手，从员工自身角度分析拒绝接受海外派遣的原因。

2. 经济补偿、家庭因素和对职业生涯的影响，是几乎所有受派执行海外工作的经理人在权衡与选择中都要思考的重要问题。对派遣员工的激励，是一个持续不断的过程。从提供物质和后勤支持、保障员工和家属的生活和社交需要，到提供畅通的职业发展通道支持、获得个人和组织的双赢。企业要时刻关注员工的需要，敏感地发现员工在不同需要层次间的变化，及时调整应对策略，才能使之发挥最充分的效能。进一步运用激励等相关理论分析G集团大连分公司在薪酬补偿、家庭支持、职业发展支持等方面所做的工作是否对外派人员具有吸引力。

3. 跨国企业都不可避免地面对两个甚至两个以上国家的文化差异问题。在多种文化交织的复杂经营环境下，如何理解不同文化背景，解决文化冲突，使之融合、吸收，关乎每个跨国企业和身处其中的职业经理人的发展。海外派遣的经理们面对的首要挑战，就是来自文化的差异。通过对外派人员在G公司大连分公司的工作和生活情况分析，运用跨文化理论，探讨G公司的跨文化管理问题。

4. 进一步探讨G公司在向大连分公司派遣人才过程中集团公司建立全球人力资源管理的对策、思路等。

组织行为篇

案例十

电脑桌面右下角的斗争:360 对抗 QQ

案例正文

1 生死搏斗 5 小时

2010 年 11 月 4 日凌晨,互联网上有史以来最为激烈的碰撞在激烈交锋后刚刚趋于平静。从腾讯宣布将在装有 360 软件的电脑上停止运行 QQ、到 360 下线扣扣保镖、发用户紧急求助信,这场持续 5 个小时的密集过招,吸引了行业内外的强烈关注,也成为互联网数年来网民参与度最深的娱乐话题。11 月 3 日晚 18∶20 左右,腾讯通过全国 IM 弹窗形式,向网友表达其刚刚做出的“艰难决定”:在 360 公司停止对 QQ 进行外挂侵犯和恶意诋毁之前,腾讯将在装有 360 软件的电脑上停止运行 QQ。紧接着,腾讯再发布一则声明称,360 推出的扣扣保镖通过“恐吓”和“诱骗”用户的手段对 QQ 软件进行篡改,并呼吁用户不要使用 360 软件,更不要通过 360 软件备份 QQ 资料,“以免个人数据被窃取”。这离腾讯 18∶20 发出公告仅仅过去了不到半个小时。

19∶18 左右,360 通过向新闻媒体发布公告的形式正式表态,指责腾讯要挟用户,并透露“已做好了充分准备,保证大家能够继续同时正常使用 QQ 和 360 软件,相应措施将尽快推出,请大家稍候”。就在两分钟后,奇虎 360 董事长周鸿祎在微博里表态称:“对于腾讯这样丧心病狂的行为,360 有预案。我们推出了 WEB QQ 客户端,该款软件可以保证用户既能顺畅的聊天,同时也能避免被 QQ 软件偷偷扫描硬盘。”

19∶40,360 官方通过新闻稿正式向外界公布推出 WEB QQ 客户端,称用户登录 360 WEB QQ 客户端,就会新建一个独立窗口,用户不必担心 QQ 因为在浏览器里而被误关闭。当用户关闭窗口后,QQ 可隐藏在托盘区继续运行。不过 360 的这一对策迅速遭到腾讯反击。数十分钟后,腾讯关闭 WEB QQ 网站入口，web. qq. com 及 web2. qq. com 两个网站均已跳转至“腾讯致广大 QQ 用户的一封信”。与此同时 QQ 空间也宣布不支持 360 浏览器访问。

20：50 左右，新浪科技发现 360 扣扣保镖官方网页和下载页面均不能正常访问，360 首页上除一条新闻之外，也无法找到任何与 360 扣扣保镖有关的入口。20 分钟后，也就是 21：10 分左右，360 在接受新浪科技连线时证实，由于扣扣保镖和腾讯 QQ 之间存在技术冲突，为了不至于给用户造成伤害，已经对这款产品做暂时的下线处理。而对于这款产品后续的相关情况，360 方面并未给出任何表态。

21：30，360 发布致网民紧急求助信，称“这是 360 生死存亡的紧急关头，也是中国互联网最危险的时刻，希望您能够坚定地站出来，再次给予我们您的信任与支持……请您及您身边的朋友们，为了互联网安全的未来停用腾讯 QQ 3 天，以示对腾讯公司不尊重用户权益的抗议。在这 3 天之间您或您的朋友可以使用 MSN 或飞信等其他聊天工具代替。”

23：00，腾讯通过新浪科技对外发布“和解条件”，要求 360 必须做到以下三点，腾讯才能停止目前的自救行动：①360 必须在所有客户端完成对扣扣保镖和恶意污蔑腾讯的隐私保护器的卸载；②360 立即停止拦截腾讯和其他合法程序，并公开承诺今后不拦截腾讯程序，公开承诺今后不发布任何软件攻击腾讯产品，公开承诺今后不盗用任何 QQ 用户资料；③360 向腾讯公开道歉，赔偿损失。与此同时，一封由腾讯公司董事局主席马化腾发给全体员工的公开信曝光。马化腾在公开信里明确表示，“这场战斗还将持续，但因为腾讯是真正把用户价值放在第一位的，因此我们坚信必将赢得用户的支持，打赢这场战斗。”

在 4 日凌晨 0：38，360 针对腾讯 QQ 强制网民卸载 360 事件发布了最新申明：①今晚发生的 QQ 强制网民卸载 360 的事，已不再是 360 公司与腾讯公司之间的恩怨，而是腾讯 QQ 如何对待自己 6 亿注册用户合法权益的大是大非问题。②电脑里安装什么软件、卸载什么软件，应该由网民自己做主。360 公司将继续捍卫网民在自己电脑中的知情权、选择权和隐私权，不向霸权妥协。③360 公司强烈要求，腾讯公司立刻停止强制用户的非法行为，公开承诺今后要尊重用户选择，维护用户的合法权益，并向全体用户道歉。

一边是桌面软件客户端市场占有率第一的腾讯，一边是杀毒市场占有率第二的 360，两者因各自利益爆发的战争让互联网市场充满江湖的味道。

2 创办 3721

1998 年 10 月，现在的奇虎 360 董事长周鸿祎创立 3721 公司，推出“3721

网络实名”,开创中文上网服务。3721 的商业模式是,企业将公司、品牌、产品等名字注册为 3721 网络实名后,用户就无需记忆复杂的域名网址,直接在地址栏中输入中文,就能直达企业网站或者找到企业、产品信息。

做网络实名的 3721 一开始跟卖域名的 CNNIC 竞争。当时 CNNIC 已经有万网等九大代理商,他们各有一套自上而下的代理体系。这个庞大的代理渠道、经销商和客户群,就是 CNNIC 的重要资产,3721 无法与其相争。3721 不能去用这九大代理商,CNNIC 随时可利用自己的影响力封杀 3721,况且 3721 也没有足够人力绕开经销商去直销。CNNIC 的代理体系隔离了 3721 和它潜在的客户群。但这个代理体系有其天生弱点:CNNIC 高居代理体系最上层,并未深入到基层的代理和客户中去,并且这些代理对中国底层的小企业也渗透得不够。

周鸿祎的对策是自建一个不同于总代理、地方代理这样的分层级,即一个扁平的代理体系。在每个城市都圈定一家代理,在全国圈定上千家,由 3721 直接管理。3721 对这些代理商采取直接管理的方式,即最简单的“业务/提成”模式。这弥补了 CNNIC 代理体系的不足,而且也使 CNNIC 无法模仿。如果 CNNIC 自建扁平渠道,就难以处理其与既有代理体系间的关系。比如原有的层级代理自上而下有不同的价格差,以维持每一级都有利可图,但新的扁平渠道都直接执行来自 3721 总部的一个价格,两者必然相互干扰。而 CNNIC 原有的代理体系越庞大,产生的摩擦和震荡就越大,反而开始成为一种负资产,阻碍 CNNIC 变革。

随后 1 年,CNNIC 都按兵不动,眼睁睁看着 3721 快速发展。但 1 年之后 CNNIC 决定不再忍受,开始从 3721 挖角,建立新扁平体系。就在 CNNIC 逐步建立起跟 3721 竞争的通用网址代理体系时,其原来. cn 域名的代理体系也逐步瓦解,新网、万网等大代理商都看淡. cn 域名交易。

2001 年,3721 公司宣布盈利,这也是国内第一家盈利的搜索公司。不过周鸿祎也为此付出不小的代价。周鸿祎为了将自己设计的中文上网软件作为产品推广,首先想到在浏览器地址栏做插件的方式。也就是当用户打开某个网页或安装某软件时,3721 插件就强行安装进用户电脑,且无法卸载。喜欢设计程序的周鸿祎就设计了一个安装插件,提醒网民安装 3721 中文上网,用这种方式推广公司业务。同时,周鸿祎又与许多个人网站合作,推出弹出窗口广告,有些窗口甚至无法关闭。

到 2002 年 3721 网络实名销售额达 1.4 亿元人民币。2003 年,3721 被雅虎收购。2004 年 1 月,雅虎出资 1.2 亿美金购买了香港 3721 公司,被收购后的

3721改名为雅虎助手。同年3月，周鸿祎的身份也变成了雅虎中国区总裁，7月周鸿祎离职。后来，3721又被雅虎转手倒卖给阿里巴巴。

3 从3721到360的华丽转身

从雅虎中国离职后，2005年8月，周鸿祎就投身非常喜欢的投资事业中，奇虎360创立时他也是以投资人的身份介入，最初主要由齐向东挑头。但公司开始选择的"社区＋搜索"模式很快遇到了问题，周鸿祎表示，这是当时很热的两个概念，"我们不想直接模仿美国的模式，想走一条独特的路，当然我们为创新和探索付出了必要的代价"。对投资人有承诺的周鸿祎于2006年3月出任董事长兼CEO，为公司重新确立方向。

他带领公司迅速作出调整，面对现实，把心态放下来，给自己清零。之前在3721时代由于过分关注竞争，周鸿祎坦承曾对用户造成了一定伤害，重出江湖后他决心要在用户体验上做足工夫："做增值服务的前提，就是用户首先要对你的基本服务（免费服务）认可，要把用户基础扎得特别稳固，我们才做了3年，还有很多安全的事情要做得更好。"他清楚地意识到，在中国网民迅速增长的今天，自己的想法已不能代表主流用户的想法，必须虚心地从他们的角度考虑问题。

2006年7月，奇虎360推出360安全卫士，专门用于扫描被安装在用户电脑上的一切"恶评"软件，并在用户同意下，将软件卸载。在其"恶评"软件列表里，就包含前身是3721上网助手的雅虎助手。这正是中国互联网用户被数以千计的"恶评软件"严重骚扰、不堪忍受的时候，360一推出，立刻赢得用户欢呼。刚发布仅两个月，就有超过600万网民下载360。每天卸载的恶评软件达100多万，其中每天卸载的雅虎助手就达60万次以上。截至2008年8月，360拥有1.6亿用户，网民覆盖率超过60%，每天活跃用户数超过3 000万。在杀毒与安全市场，360短短两年就成为市场占有率第一的个人网络安全软件。

4 颠覆安全市场

2008年4月，奇虎筹划推出安全浏览器，经过将近半年时间，分别对5个版本浏览器进行公测后，决定正式推出"360安全浏览器"。这款浏览器加入"网页恶意代码智能拦截""恶意网址自动屏蔽""沙箱"等安全防护功能。近年来，微软、谷歌等巨头不约而同发力浏览器安全性。面对强大竞争对手，周鸿祎表示："我不敢说别人的浏览器安全性如何，但我敢肯定，360安全浏览器是目前在木马病毒防护上做得最为出色的浏览器。"

2008年7月，360宣布将推出免费杀毒软件测试版。一石激起千层浪。传统杀毒软件厂商靠一套一套地卖软件来获取收入，在他们看来，杀毒软件收费是天经地义的；而在360看来，互联网安全就像电子商务、电子邮件、即时通讯一样，都属于互联网基础服务，都应该是免费的。因此，360推出免费杀毒软件不仅动了他们的奶酪，甚至是打碎了他们赖以生存的饭碗。7月，360与瑞星发生大规模口水战。

2009年10月，360推出了永久免费的杀毒软件。360官方网站是这样的说的：经过1年多的公开测试，永久免费的360杀毒1.0正式版终于与广大网友见面了。这不但是全球范围内第一款真正彻底永久免费的杀毒软件，而且在性能指标上也大幅超越了国内外大多数收费的杀毒软件。任何人、任何企业，无论你在何时何地，都能免费下载使用这款免费又好用、连激活码都不需要的360杀毒软件。根据艾瑞咨询的数据，在短短8个月的时间里，360杀毒软件的用户就超过了2亿。无论是在中国还是国外的互联网发展史上，这都是一个奇迹。此时，360旗下已经聚集了360杀毒、360安全卫士、360安全浏览器、360手机卫士等一大批桌面和手机端的杀毒和防护应用。

至于盈利模式，经过两年的探索，奇虎360已逐渐明晰起来。周鸿祎表示："我们的目标就是通过提供免费的基础服务得到用户，建立品牌和影响力，最终通过增值服务获得收入。"这种增值服务有几个特点：只有当一种互联网产品有了获得了一个巨大的用户基数之后，增值服务理论才会有效——如果只有10万用户、100万用户，这个模式根本就不能成立。换句话说，如果一款免费的互联网服务做得好，那么厂商就可以通过互联网接触到上亿的用户。在这上亿的用户中，当厂商推出一个增值服务的时候，总会有一批人愿意下单付钱。在360安全中心发布的《互联网安全免费白皮书》中认为，这个模式真正的探索者和最成功的实际上是腾讯公司。腾讯通过提供一个聊天、交友的互联网免费软件，从而聚拢起数亿的用户。在此基础上，腾讯针对不同用户的需求设计出多种多样的互联网增值服务。周鸿祎已经计划在免费杀毒等功能的基础上，提供文件的安全存储和备份等增值业务，并向用户收费，在2.5亿用户的基础上，只要有1%的用户使用该收费业务就完全可以实现盈利。不过，这些方向仅仅是360可能纵向发展的一个系列，面对电脑另一端的用户，它还有很多选择。并且，360系已经在不断扩张之中。此前，周鸿祎曾在多个公开场合对腾讯进行了赞美，有业内人士猜测认为，这一行为或许是周鸿祎不愿腾讯进入安全市场而采用的举措，周鸿祎对此予以否认。周鸿祎说："腾讯是不是要跟我们竞争，至少我不认为我们是它的竞争对手。腾讯是一个娱乐公司，它的业务很多，几乎中国互联网所有的业务它都有，但是安全可能是要求一个很专业的公司，更专注地去解决问题，所以我们还是相信，在专业安全方面，我们应该会做得比腾讯好。”周鸿祎对360的缺陷也并不讳言，“QQ本身是一个社交网络，实际上这点是360不具备的。这也是为什么我认为QQ是不可战胜的，就是说你不是做一个功能就能把QQ用户抢走，QQ用户的整个朋友关系都在上边。”周鸿祎同时也表示，腾讯应该做“安全”。他说：“希望腾讯在安全上也应该加大投入，如果在QQ内部能够把一些安全问题解决，我们从外部解决，这样，内外兼修可能会真正地帮助QQ用户以后不再丢号，也不再遭受这些钓鱼的欺诈。”

5 柔道对硬球

周鸿祎的“示好”似乎并没有太大的效果。360在其他公司都没有意识到的时候，用免费策略迅速打造出聚集了上亿用户的互联网安全服务体系，一旦成为有利可图的蛋糕，很可能就有其他竞争对手迅速跟进。国内，百度、腾讯等大佬兵临城下。在中国互联网发展历史上，腾讯几乎没有缺席过任何一场互联网盛宴。它总是默默地布局、悄无声息地出现在你的背后；它总是在最恰当的时候出来搅局，让同业者心神不定。而一旦时机成熟，它就会毫不留情地划走自己的那块蛋糕，有时它甚至会成为终结者，霸占整个市场。这就是腾讯，中国第一、全球第三大互联网公司，一家全球罕见的互联网全业务公司，即时通讯、门户、游戏、电子商务、搜索等无所不做。目前，腾讯是中国最赚钱的互联网公司，公司现金储备达到15亿美元；拥有中国本土用户量最大的即时通讯软件，账户数近10亿；是中国第一流量的门户；在网络游戏市场排名第一，占据超过20%以上的市场份额；电子邮箱流量也已经超过网易，雄踞榜首。

2010年春节前后，腾讯选择在二三线和更低级别的城市强行推广QQ医生安全软件，也就是一夜之间，QQ医生占据国内一亿台左右电脑，市场份额近40%。360很快就意识到了QQ医生的威胁，一些休假中的360员工被紧急召集回来应对这场突发事件。由于QQ医生本次匆忙上阵，产品尚不成熟，再加上360安全卫士提示阻止QQ医生漏洞更新，最终，这次交锋的胜利者是360。

3个月之后，2010年5月31日，杀毒领域两大巨头360与金山的一场口水战激战正酣，腾讯的QQ医生3.3升级版却悄然上线。很快人们就发现，这款原本只是用来查杀QQ盗号木马的防护软件，已经了包含云查杀木马、系统漏洞修补、实时防护、清理插件等多项安全防护功能，甚至还搭载了免费半年的诺顿杀毒。

中秋节期间，QQ用户发现其使用的旧版QQ软件管理和QQ医生自动升级为QQ电脑管家。此事引起业内诸多人士关注，也被认为是腾讯继QQ医生后，希望借助强行捆绑继续抢夺安全市场领域的一次布局。业内人士认为，背靠强大的IM工具QQ，此种强推手段无疑会引起其最大竞争对手360安全卫士的紧张。

9月27日，360发布了一款名为“360隐私保护器”的软件，主打的旗号就是监测腾讯QQ“窥视”用户隐私文件的行为，这消息一发布，各大媒体是一片哗然，纷纷进行了相关的跟踪报道，毕竟IT界凡是关乎腾讯方面的新闻都是比较热门的。其实作为一位资深的互联网用户，关于腾讯QQ扫描用户文件这种事或多或少都“略有耳闻”，但今时今日敢站出来，并矛头直指腾讯的却少之又少。一向低调行事的腾讯公司在第一时间接受了央视媒体的采访，并宣称“360的此次行为是对广大用户的一种恶意的误导，腾讯采用的是安全类软件普遍应用的检测技术，每天拦截针对QQ的各种攻击1 500万次以上，正因如此，腾讯才有效的保护住了广大用户的安全”。

10月14日，腾讯宣布已正式起诉360公司。腾讯在诉状中称：该“360隐私保护器”通过监测腾讯QQ聊天软件的运行，利用虚假宣传手段，误导和欺骗用户，诬蔑原告和原告的产品“窥视”用户的隐私，给原告及原告的产品和服务的声誉造成极大损害。同时，被告还通过官方博客、官方论坛、制作专题等方式，称“QQ窥探用户隐私已久”“QQ侵犯用户隐私”“QQ承认窥探隐私”“QQ正偷窥您的隐私”“请慎重选择QQ”“诋毁原告及原告的产品和服务”。针对腾讯的起诉，360随即发表回应，称将反诉。

10月29日，360推名为“扣扣保镖”的软件，称让QQ安全快速更好用。“扣扣保镖”主要功能包括：①保护隐私，阻止QQ强行静默扫描用户硬盘；②防止QQ盗号，用360云安全体系精确查杀QQ盗号木马；③QQ加速，禁用不需要的插件，大幅提高QQ运行速度；④过滤QQ软件广告，让聊天更清爽；⑤清理QQ垃圾(含QQ影音、QQ音乐等QQ周边软件)，清除冗余和临时文件；⑥QQ体检，检测QQ安全性并修复QQ软件漏洞，并一键修复；⑦保护QQ安全，阻止QQ设置被恶意修改，自动扫描传输文件；⑧360“扣扣保镖”默认不修改QQ任何设置，所有功能都必须由用户主动选择触发，并可随时启用和恢复。腾讯公司迅即发布了公开声明，该声明称该软件通过外挂手段对腾讯QQ的多项功能进行破坏，严重影响QQ软件的安全和完整服务，其手段之恶劣为中国互联网行业前所未见。

11月1日，360安全中心发布消息称，刚刚推出72小时的360扣扣保镖软件下载量突破千万，平均每秒钟就有40个独立下载安装量。11月3日，腾讯宣布将在装有360的机器上停止运行QQ。11月4日，360先是宣布召回扣扣保镖，再中午时分通过公开信表示决定搁置争执。11月5日，金山、傲游、可牛、百度等家企业联合宣布，它们的客户端软件将不兼容360系列软件。

11月21日，工信部对外发布了《关于批评北京奇虎科技有限公司和深圳市腾讯计算机系统有限公司的通报》(简称《通报》)，一纸公函将掐架了近两个月的"3Q大战"暂时画上了一个句话，按照工信部的要求，奇虎360与腾讯两家公司除了向社会公开道歉外，还须停止相互攻击，确保相关软件兼容和正常使用，同时接受相关部门的进一步调查。

6 大战的结果

6.1 腾讯公司的股价

11月3日，腾讯股价一度高达189.20港元。在安装360杀毒软件的电脑上禁止运行QQ软件后，11月4日腾讯控股(00700.HK)报179.8港元，下跌7.3港元(3.9%)。随后，腾讯的股价近期一直处于下滑状态，一直跌到169港元。12月10日，腾讯的股价回升至182.00元。

6.2 各主要产品的市场份额变化

(1) 浏览器市场。360安全浏览器从大战前将近20%的市场占有率下降到4%左右，如表10-1所示。

表10-1 2010年10月和11月国内主要浏览器市场占有率

浏览器类型	2010年10月		2010年11月	
	使用率	占有率	使用率	占有率
微软IE	69.44%	67.53%	79.93%	80.07%
360安全浏览器	18.14%	19.51%	4.24%	4.39%
搜狗	2.82%	3.31%	3.90%	4.23%
傲游Maxthon	2.45%	2.48%	2.86%	2.96%
腾讯TT	2.30%	2.53%	2.73%	2.71%
世界之窗Theworld	1.88%	1.94%	2.30%	2.23%
火狐Firefox	1.35%	1.26%	1.74%	1.46%
谷歌Chrome	0.92%	0.80%	1.25%	1.07%
苹果Safari	0.45%	0.50%	0.68%	0.68%

资料来源：CNZZ。

（2）即时通讯市场。艾瑞 iUserTracker 最新数据显示，2010 年 9 月，QQ 在中国互联网 IM 市场中依旧独领风骚，抢占了 73.6％的市场份额。随电子商务的发展，阿里旺旺份额已增至 11.1％，但与 QQ 仍不是一个量级的。

3Q 大战后，即时通讯行业的对手逐渐壮大，尤其是占据市场第二交椅的 MSN 宣布与门户网站新浪全面合作，而在其他领域，包括电子商务、网络游戏等，一些公司正在逐步收复曾被腾讯剽窃的地盘。

（3）安全防护软件市场。根据 iResearch 艾瑞咨询推出的网民连续用户行为研究系统 iUserTracker 数据显示，2010 年 9 月，360 安全卫士日均覆盖人数环比增长 2.9％至 1.5 亿人，网民到达率达 69％，在安全防护软件中具有绝对领先优势；360 杀毒日均覆盖人数环比增长 4.9％至 1.2 亿人，网民到达率达 55.5％位居第二；360 保险箱日均覆盖人数环比增长 0.2％至 4 545 万人，位居第三。

3Q 大战推动杀毒软件提前进入免费时代。11 月 10 日，连续推迟两次发布时间的金山安全与可牛终于宣布合并，成立新公司“金山网络”，同时，金山作出了永久免费的战略选择。这也是迄今为止，传统的安全软件厂商中第一个放弃收费模式、全面转向互联网模式的企业。

案例使用说明

一、教学目的与用途

本案例的教学目的主要有：

（1）通过此案例帮助学生掌握“竞争性对抗模型”的具体应用，理解的竞争的动态性。

（2）通过此案例帮助学生掌握一些新战略工具的使用，包括：柔道战略与硬球战略。

（3）通过此案例帮助学生理解并设计商业模式。

二、启发性思考题

1. 360 是否应该现在就对腾讯进入安全防护市场作出应对？（YES OR NO）

YES	NO
信号已经显示 360 会对腾讯作出反应	腾讯的进攻并没有直接针对 360
现在应对腾讯可能比以后更容易	360 在社区网络上还没有足够的积累
安全防护软件市场对 360 非常关键	安全防护对腾讯来说不是关键市场
360 有挑战腾讯的条件	360 与腾讯比较起来力量还相当弱小

2. 作为新进者，360 是如何在安全防护市场快速创造骄人业绩的？

(1) 业界对周鸿伟有何评价？周鸿伟认为应该如何做到以小搏大？

(2) 在 3721 与 CNNIC 中，周鸿伟是如何体现其柔道战略的？柔道战略的基本原则有哪些？

(3) 在进入安全防护市场时，360 为什么选择免费？能否用柔道战略来解释？

(4) 360 的商业模式和盈利模式有何特点？

3. 360 为何会与腾讯形成竞争关系？

(1) 腾讯为何想进入安全防护市场？

(2) 360 是如何从安全防护软件商向平台提供商转变的？

(3) 平台商的基本商业模式是什么？360 和腾讯在商业模式有何异同？

4. 360 为何会与腾讯走向直接的对抗？

(1) 两家公司的市场共同性如何？

(2) 两家公司的资源相似性如何？

5. 360 是如何发起对腾讯的进攻的？

(1) 360 为何会高调宣布这场战争？而腾讯为何选择默默"强制安装"？

(2) 360 年为何选择 QQ 为进攻点？而不是 QQ 医生管家？

(3) 360 开发"360 隐私保护器"和"扣扣保镖"在功能上有何特点？为什么选择这些功能？能否体现周鸿伟的柔道思维？

(4) 360 为何单独开发"360 隐私保护器"和"扣扣保镖"，而不是一开始就整合在 360 安全中心里面？

(5) 周鸿伟通过这些行动期望腾讯公司会作出什么反应？为什么？

6. 腾讯公司是如何回击 360 的进攻的？

(1) 在 360 发布了一款名为"360 隐私保护器"的软件后，一向以低调行事的腾讯公司为何在第一时间接受了央视媒体的采访并起诉 360？这种行为是否是周鸿伟期望的？

(2) 在 360 发布了一款名为"扣扣保镖"的软件后，腾讯公司作出了何种反应？腾讯的这种行为是否是有计划的应对？

(3) 腾讯的"艰难决定"的核心内容是什么？为何能迫使 360 收回"扣扣保镖"软件？

(4) 对于腾讯的"艰难决定"，周鸿伟是否预料到？为什么？采取了那些应对措施？是否达到效果？

(5) 总结硬球战略的基本思想。

7. 总结腾讯公司和360在这场战争中的得失。

(1) 谁在这场战争中得到的更多？为什么？

(2) 360在这场战争中的得失如何？能否有更好的策略？

(3) 腾讯公司在这场战争中的得失如何？

(4) 假如启动对腾讯公司的“垄断”调查，请重新评价双方的策略行动。

三、分析思路

教师可以根据自己的教学目标(目的)来灵活使用本案例。这里提出本案例的分析思路，仅供参考。本案例的基本分析思路从启发性思考题中可以看出。

1. 首先是360与腾讯这场大战迟早会爆发，可以通过“竞争性对抗模型”的竞争对手分析中，两家公司在市场共同性、资源相似性和商业模式上形成了竞争关系。但为了更好的分析两者的竞争性对抗，我们可以先从商业模式分析入手。

2. 分析商业模式的目的是引导学生理解为什么周鸿伟会选择与腾讯公司相似的相似模式，并快速在安全防护软件上取得成功，这与周鸿伟信奉的柔道战略非常有关。为此，本案例特别提供3721与CNNIC大战作为背景案例，以帮助学生掌握柔道战略的基本原则。进而运用柔道战略分析周鸿伟进入安全防护市场和与腾讯大战时使用的基本策略。在进入安全防护市场时，周鸿伟选择“免费”作为进攻点；而在与腾讯对抗时，又选择“广告”作为进攻点，深刻体现了柔道战略的“借力打力”原则、“移动”原则和“平衡”原则等。

3. 分析商业模式的基础上，再将讨论引回到3Q大战上，可引导学生使用“竞争性对抗模型”分析这场大战的基本进程，以深入理解该模型在预测竞争对手行动和反应上有效性，同时总结两家公司在这场大战的得与失。

4. 针对周鸿伟的柔道战略，马化腾似乎采用的是硬球战略。两种新的战略理论在同一案例中使用并对抗，似乎是本案例的一大亮点。尽管腾讯公司的硬球战略在使用中带来较大的负面性，特别是对其垄断的指责；但在化解周鸿伟的柔道战略上似乎发挥了作用。这里正好可以对比说明这种战略的基本原则。

案例十一

WT 公司员工为什么要罢工

案例正文

0 引言

2012 年 4 月 17 日下午，广州番禺 WT 公司人力资源及行政部经理 H 先生接到出差在外的公司总经理王先生从上海打来的电话，要求他明天一大早去位于深圳坪山新区分厂处理一桩突发事件，事情紧急！4 月 18 日上午 8：30，司机接到 H 先生后驱车赶往深圳坪山新区，10：30 来到了深圳分厂。工厂大门打开，工厂操场外集中了站着约 400 多名工人。本来是上班时间，工人还集中在球场上，根本没有到车间上班的意愿，H 先生大脑快速思索，马上明白了领导所指的紧急事件是深圳分厂发生了工人集体罢工。

1 事件发生的原因

WT 公司深圳分厂的企业名称为深圳市 ALS 塑胶制品有限公司，是公司集团董事局主席 Y 先生与 W 先生各出 50%资金，于 12 年前在深圳龙岗区布吉成立的合资企业，注册资本为 300 万元人民币，起初名字叫做深圳市 OLS 塑胶制品有限公司。Y 先生是澳大利亚籍香港人，W 先生也是香港人。公司日常运营管理主要由 W 先生主导并聘请有行业经验苏某等高级管理者参与公司管理，公司发展较快，从成立之初的 20 多名员工的小工厂发展到今天已达 450 人规模，公司主要从事塑胶软管包装生产，主要客户是国外知名品牌化妆品，产品覆盖的市场面在逐年扩大。2009 年，为扩大公司的经营和提高公司的知名度，公司结束了深圳 OLS 塑胶制品有限公司业务，注销该公司，所有就业人员均一次性给以经济补偿。两个股东决定重新注册深圳市 ALS 塑胶制品有限公司，并进行了厂址的变迁，搬迁至深圳坪山新区。注册资本为 700 万元人民币，后追加投资 4 000 万元，包括原生产厂长苏某及大部分的生产管理骨干及工人都跟随公司搬迁到新的厂上班。2012 年年初，W 先生因为年事已高，感觉精力不济，经过与 Y 先生协商后将自己名下 40%股份转让给 Y 先生名下，股权转让于 2012 年 1 月份交割成功。

Y 先生全权接手公司经营后，考虑到公司的经营发展情况，再结合工厂原来的管理状况，感觉公司规模已经很大了，很多的企业内部运作缺乏规章制度，造成各部门之间互相扯皮，工作效率低下，因此深感有必要采取措施使管理走上规范化。为此任命自己的女儿 Y 小姐和外籍女婿达先生为公司执行董事。因为 Y 先生接手工厂之前，有员工报告说曾经有第一任和第二任总经理均被厂长苏某为首的工厂管理层用手段逼走，Y 先生感觉要让公司走上规范化没有那么简单，需要在管理层做适当的调整，需要对苏先生形成制约机制，于是特从马来西亚聘请一陈姓华人担任深圳公司总经理，以强化公司的管理。陈总到了公司后，看到公司在很多方面的管理上存在比较大的问题：厂长苏某的权力很大，包括公司财务、人事、采购、生产管理状况毫无章节，完全无规范的管理制度，所有的决策均由厂长说了算，毫无监督。陈总经理经过短暂磨合了解，及时向 Y 先生反映公司目前的状况，公司决定进整顿。在一次管理会议上，陈总经理宣布了公司的整顿决定，公布了整顿细节，其中就有加强公司采购审批手续的问题，加强企业成本管理。厂长苏某当时在会议上强烈反对，认为自己在公司是元老，十余年来以公司为家，为公司发展倾注了大量的心血，结局却如此让他不可接受，协商未果就甩手离去。第二天，也就是 4 月 17 日，工人开始陆续罢工，发生了前文一幕。

2　事件的发展及问题

H 先生在 Y 先生所属集团工作，没到深圳分厂工作过，平时业务处理与深圳分厂也没有交集的地方，对于深圳工厂日常管理及人员毫不熟悉。此次被王总空降到深圳分公司处理危机事件，面对不明就里参加罢工的工人，面对嫌疑煽动罢工的部分工厂管理层，面对罢工对企业运营产生的直接经济损失，加上罢工已经持续进行两天了，如何平息这场罢工，在领导的期盼眼神中，H 先生感到了巨大压力。

H 先生到了深圳分公司后，立刻感觉到管理层的焦虑和无助。罢工已经给公司每天造成数十万元计的经济损失。来深圳公司之前公司老板 Y 先生给予 H 先生的两大任务：①在控制劳资纠纷成本前提下必须解除以厂长苏某为首的生产管理层共 16 人的劳动合同并终止劳动关系；②恢复工厂正常的生产秩序。

深圳分公司部分管理人员了解事情的缘由后，H 先生要求调出公司的人事档案对相关涉嫌组织罢工人员进行了解。发现以下问题：①罢工当天，厂长苏某并未参加，苏某本人也不在厂(请假经批准)。②公司人事档案基本上就只有一张履历表，没有任何资料，苏某一直都没有签订劳动合同。③公司 3 月份工资没有发放；工资结构及组成没有明细。④没有充分证据证明罢工是有组织的，工人是自发罢工，罢工理由是听说公司要减薪裁员，而问消息来源均说是听别人说。所以群起罢工向公司寻求不减薪、不裁员的承诺。⑤公司的规章制度文件寥寥无几，找不到完整的成章成节的管理文件。⑥公司以厂长苏某为首的管理层，家属亲戚基本上都在公司里就业，有在业务部门，有的在生产部门甚至包括扫地的清洁工，纯粹的"家族企业"。其中苏某的爱人(怀孕快到预产期)就在公司业务部门做文员，月薪人民币 5 500 元，明显比公司同等职务的文员高许多。⑦未足额为员工购买社会保险。⑧以苏某为首的管理层的岗位职责没有文件具体说明，也没有岗位职务说明书。

3 处理问题要点

面对这些问题，H 先生该怎么处理这次事件？H 先生经过短暂的分析，总结出如下需要处理的问题并汇报给领导：

(1) 员工有没有签订劳动合同？有哪些人没签劳动合同？要解除苏某等劳动关系的理由是什么？工作年限是多长？苏某有无过失(严重违反公司管理制度，给公司造成重大损失)？如要直接解除厂长苏某等的劳动合同有无违反劳动法或劳动合同法？是按法律条款处理事件还是在法律框架内协商解决劳资纠纷？

(2) 有没有证据证明有人组织或煽动罢工？该如何处理或应对？

(3) 解除劳动合同是否需要支付经济补偿金？补偿金费用多少？支付依据在哪里？

(4) 未签劳动合同所产生的双倍工资赔偿问题如何处理？

(5) 工人罢工的缘由是什么？如何结束工人罢工、恢复正常生产？

(6) 社保关系如何处理？深圳社保的独特性如何？五险一金如何处理？目前公司的社保，住房公积金是什么样的状况？

(7) 工厂的工作环境是否符合职业病防护要求？此部分被处理的员工当中是否有职业病患者？如何处理？

(8) 如何处理 16 人抱团对抗的劳资纠纷问题，怎么样进行分割突破？并避免产生劳资纠纷仲裁或官司？

11∶00点，通过快速地翻阅资料和了解，H先生很快就存在的问题向公司执行董事Y小姐和陈总做了汇报，并提出了对事件处理的意见，首先成立了罢工事件处理领导小组，成员有：Y小姐、外籍董事总经理达先生、马来西亚籍总经理陈先生、中国台湾籍生产总监蔡先生和H先生。H先生建议：工作重点是分化苏某等人与罢工工人，不追究不明真相被煽动的工人的责任，孤立以苏某为首的16人小团伙；同时在对16人处理中，集中力量先处理苏某，所谓擒贼先擒王。同时领导小组务必马上解决如下问题：

(1) 公司马上出通告，安抚工人，澄清谣言，让工人安心回到工作岗位，复工通告由H先生拟定。

(2) 由公司行政部派人到相关部门做宣传解释工作，利用公司组织力量分化广大工人和苏某等16人；解除此16人的工作职务，让工人不再听信于苏某等原管理层，以孤立苏某等16人。

(3) 主动向当地劳动管理部门上报，提交公司裁员计划及实施方案(裁员计划少于公司总人数的10%)。尽量规避企业单方面解除以苏某等16人的劳动合同的法律风险。报告由H先生拟定。

(4) 领导小组成员约谈苏某妻子毛某(怀孕，但在上班)。因为其在怀孕期间，需要按照怀孕人员的相关规定处理。

(5) 领导小组成员约谈厂长苏某，宣布公司对其免职的决定，同时了解其想法。

(6) 领导小组成员翻查涉嫌组织罢工之16人的人事档案记录，了解每个人在公司工作情况及表现，包括工资、考勤等。

(7) 马上请求政府职能部门上门协助以控制事态。公司行政部电话通知坪山新区劳动管理部门和管辖企业所在地公安局派出所。

4 公告发出之后

经过仔细考虑和反复推敲，并经过领导小组成员集体审阅后，11∶10分发布了H起草的复工通告，内容如下。

致全体员工：

从4月17日到现在所发生的非法罢工事件已经给公司造成无法弥补的重大损失，而造成此次罢工的原因竟然是道听途说的谣言。公司在此呼吁全体员工不要轻信谣言，公司任何决定均会通过正式文件形式告知全体员工，未见公司正式公布的文件传达的任何消息均非公司本意。深圳是个法治城市，非法罢工是会受到法律制裁的！公司呼吁所有员工必须在 4 月 19 日 14：00 前回到自己工作岗位正常上班！现在公司重申：

（1）公司暂无裁员计划，亦不减薪。

（2）公司的沟通渠道是敞开的，公司欢迎有困惑或反映问题的员工通过正常的沟通渠道与公司管理层沟通或表达想法。

（3）对于不明真相参与罢工的员工，按时恢复正常上班的，公司将不追究其任何责任。

（4）如若在 4 月 19 日 14：00 前未回到自己工作岗位正常工作的，公司将寻求法律途径，保护自己的合法权利，追究非法罢工者的法律责任以及就此产生的重大经济责任。

深圳市 ALS 塑胶制品有限公司（盖公章）

2012 年 4 月 19 日

通告发布张贴后，参与罢工的 90％工人在通告规定的 14：00 之前返回工作岗位，开动机器开始恢复正常上班。

11：15 分，公司行政部印制好裁员报告书，并发布公文公布裁员名单和裁员计划，落款时间为 4 月 17 日，实施时间为 4 月 19 日。派人送交劳动管理部门备案，公司领导出面向劳动管理部门汇报了公司的裁员计划，并按劳动合同法律、法规处理裁员相关事宜。被裁人员主要是苏某等 16 人，同时获得劳动管理部门对公司裁员报告的批复。

11：30 分，在约谈苏某之前，先约谈了苏某妻子毛某。谈话大概内容是：①根据员工反映，公司已经掌握了苏某指示 15 个部门主管通过造谣、捏造歪曲事实的手段来煽动组织全厂工人罢工的证据，同时告知她非法煽动工人罢工应负的刑事法律责任。②苏某曾为公司发展出过力流过汗，今天却通过造谣煽动工人罢工的方式来伤害公司，让公司蒙受重大的经济损失，公司希望苏某立即停止自己的错误行为不要以身试法。③公司保留追究其法律责任的权利。④公司决定解除与苏某及 15 个主管的劳动合同，并依照相关法律、法规的规定解除劳动关系，并于今天执行。（先约谈苏某妻子的目的是：估计到会谈后毛某自然马上给苏某电话，告知公司对事件的态度和公司对事件处理的决定，让苏某产生心理压力，为将来协商解除劳动合同谈判取得有利条件。）公司希望毛某不要因为此次事件影响到自己情绪，注意身体，注意养胎，防止产生情绪波动。

11：50 分，H 先生拟定《解除劳动合同协议书》一共 16 套，32 份。协议书经领导小组成员审阅后，将内容确定如下：

解除劳动合同协议书

甲方:深圳 ALS 塑胶制品有限公司

乙方:　　　　(身份证号码:　　　　)

乙方于　　年　　月　　日进入甲方工作,现由于甲方经营调整需裁员,经双方协商一致同意如下协议:

(1) 甲方于　　年　　月　　日起解除乙方与甲方的劳动关系,乙方服务共　　年　　个月;按《中华人民共和国劳动合同法》第四十七条款规定一次性支付乙方经济补偿金人民币　　　　元;并根据《中华人民共和国劳动合同法实施条例》第二十条规定支付待通知金人民币　　　　元,共计人民币　　　　元;于乙方离职时一次性支付给乙方。(乙方离职前 12 个月平均工资为人民币　　　　元/月)

(2) 乙方需承担以下义务:在　　年　　月　　日前向甲方安排之工作接替人员妥善交接好工作,办好相关交接手续,在此期间遵守甲方各项管理制度。

本协议一式两份,双方各持一份,具有同等法律效力,双方签字后即时生效。

甲方:深圳 ALS 塑胶制品有限公司	乙方:
公章:	身份证号码:
	指模:
日期:　年　月　日	日期:　年　月　日

12:00,H 先生翻阅涉嫌组织罢工管理人员的人事档案资料,发觉并没有多少有价值的资料,仅仅只有一张人事登记表,无别的记录,无奖惩记录。员工工资发放的工资表也无工资项的细分,考勤记录混乱,每个月考勤记录没员工签名,记录显示每天基本上加班都超 3 小时、通过工资发放记录计算此部分人平均工资均超过 5 800 元/月、入职时间都是 2009 年 4 月 1 日。其中厂长苏某的月平均工资是 11 600 元/月,此外还有苏某没有签劳动合同书等不完善的人事档案及工作记录,企业如此混乱的文件管理对于事件的处理极为不利。

5　苏某的要求

12:30 约谈厂长苏某,简单向苏某介绍 H 先生:H 先生是老板 Y 先生的代表,代表公司与苏某协商处理本次罢工事件。经过简单的寒暄后,苏某主动提出如下要求：

（1）希望能与公司协商解决劳动问题，并按劳动合同法条款规定给予苏某经济补偿。

（2）能批准其妻子毛某辞职，但希望能得到产假 90 天的工资待遇。

（3）要求公司支付未签劳合同期间月双倍工资差额赔偿共 11 个月。

（4）要求公司单方出示解除劳动合同的文件。

（5）保留对公司不足额缴交社保要求补缴的权利。

6 公司对苏某要求的回应

（1）公司同意苏某主动提出与公司协商解除劳动合同的要求，亦同意可参照劳动法律、法规给予经济补偿。

（2）批准其妻子毛某辞职，可给予其产假工资，但前提是毛某要提出个人辞职并按正常辞职程序办理手续。

（3）对于苏某提出的因未签订劳动合同而产生 11 个月的双倍工资差额的赔偿，公司不予接受，但可以协商解决彼此分歧。

（4）法律赋予企业根据经营情况裁员的权利，协商解除劳动合同不存在公司出具单方解除劳动合同的文件，而应该以协议的形式解除劳动关系。公司不予以接受单方面出具解除苏某劳动合同的文件。苏某的劳动关系必须按照公司裁员程序解除。

（5）社保是公司与劳动者都必须缴纳的保费，公司可以向劳动社保管理部门申报补缴，苏某提出的赔偿没有任何法律依据，对苏某提出的赔偿要求给以拒绝，公司可以协同苏某共同办理补缴社保费用，但必须按规定双方缴费。根据深圳养老保险缴交工资比例：企业 12%、个人 8% 以苏某的工资标准足额缴清社保，苏某个人也需要支付不少于 40 000 元。

经过与苏某进行了近 1 个小时的艰苦谈判；苏某终于放弃第四点和第五点的要求，接受了 H 先生提出的第三点协商解决双倍工资差额的赔偿问题。但要求给予双倍工资赔偿差额不能少于 6 个月平均工资。

就在此时，苏某的妻子毛某挺着大肚子来到会议室，要求一起参与谈判。H 先生很友善地答应了她的请求。对着这对夫妻，H 先生用拉家常的谈话方式询问了苏某夫妻家乡何处以及在公司工作的一些具体情况，这时苏某没有了先前单独谈判时的紧张固执和谨慎敌对的态度，开始了放松心情。H 先生问：苏先生，您以前在公司作为厂长，您的主要工作职责基本上有哪些？苏某说：以前都是他全面负责，包括从工厂筹建一直到目前的这种生产规模，是他们一手一脚做出来的。他参与了公司各个部门的全面管理，包括人事、生产、行政、后勤和采购。

H 先生问苏先生：既然公司人事部门也属于你管，大部分员工都签了劳动合同而为什么你自己没签劳动合同呢？而你现在又向公司要双倍工资差额赔偿，会得到法律支持吗？苏某说：不管他有没有签劳动合同按法律规定企业都要给双份工资。

H 先生与小组成员商量，提出解决方案：基于公司在管理上也存在着比较多的漏洞，公司最大的缺失是对于管理信息或文件的保存没有规范，造成许多证据无法获得。企业授权不合理，没有监管，所以在搜集证据方面对企业不利。对于苏某提出的 6 个月的双倍工资差额补偿，H 建议给以他 4 个月工资的双倍工资差额赔偿，这是公司的支付底线。

小组成员 Y 小姐马上给远在上海的出差的 Y 先生电话：①汇报了事件处理的进展情况和 H 先生提出的处理方案和理由，期待 Y 先生的回复；②建议公司要表面上要作出与苏某协商不成，等苏某申请劳动仲裁甚至是打官司，在实际操作上尽量争取协商解决的方式，有利于与其他人的纠纷的解决。小组成员一致认同 H 先生的观点。这时 Y 先生也来电，说可以接受 H 先生的解决方案，并口头授权 H 先生全权负责处理事件。

H 先生当面向苏某夫妇宣布了公司处理的方案：

(1) 给予苏某 4 个月的双倍工资赔偿，其他的经济补偿按《中华人民共和国劳动合同法》及其实施条例处理。双方马上签订解除劳动合同协议书。

(2) 批准苏某的妻子辞职，公司给予 3 个半月的产假工资，按正常辞职手续办理。

苏某和妻子终于接受了公司的处理方法，并在解除劳动合同协议上签字，答应按照公司正常的离职程序办理离职手续。

7 本次罢工结局

事件完全平息，处理过程没有发生恶性冲突，甚至连激烈的争吵都没有发生。公司恢复了正常生产。在没有政府执法部门介入的情况下，罢工事件在企业内部协商解决了。劳资双方对事件的处理结果表示满意。4 月 20 日，30 多名与原管理层苏某等人有裙带关系的员工主动辞职离开。这次罢工的处理结果符合企业三个管理调整的目的：一是企业为了提高效率，引进了自动化生产线，需要减少人员；二是员工自动离职使企业免除了裁员所产生的成本费用；三是有裙带关系的员工留在企业对于企业管理是不利的。

至此,H 先生完成了本次罢工事件的处理工作,得到了公司上下的一致好评。

案例使用说明

一、教学目的与用途

本案例的教学目的旨在掌握企业股权变更对企业经营战略、组织架构、人事任命以及公司稳定产生的影响;掌握组织冲突产生的根源和解决的途径,掌握组织沟通渠道的重要性,掌握《中华人民共和国劳动合同法》在企业处理劳资纠纷中的作用,了解组织结构设计类型中简单型和职能型结构及其各自的优缺点。

二、启发思考题

1. 本次案例中的罢工为什么没有在 W 先生负责企业经营期间发生而是在 Y 先生接手企业经营后发生?怎样避免不必要的罢工和因此造成的不必要损失?

2. 企业股权变更通常会给企业带来哪些变化?如何避免或消除不良影响带来的经济损失?

3. 企业内部的冲突产生的原因是什么?企业发生的罢工事件是由什么因素导致的?

4. 企业在进行组织结构设计时有哪些类型可以选择?每一种类型的优缺点是什么?在设计组织结构时要考虑哪些因素?

5. 本次罢工在处理工程中有哪些地方用到了《中华人民共和国劳动合同法》的有关条款?《中华人民共和国劳动合同法》有关条款的运用是否合理?

6. 你认为本次罢工事件的处理是否成功,为什么?是否还有更优化的处理方案?

7. 你从本案例的处理中得到什么管理上的启示?对你的工作会带来什么借鉴和启发?

三、分析思路

教师可以根据自己担任课程的教学目标(目的)来灵活使用本案例。这里提出本案例的分析思路,仅供参考。

1. 企业最核心的管理是人的管理,识人、用人、留人是企业所有者以及企业高级管理者必备的技能。在本案例中,因为股权的变更,导致企业所有者发生了变更,企业的发展思路出现变化,企业的经营团队构成发生了变化,企业的经营发展战略发生了调整，所以出现内部短暂的冲突现象很正常，出现人员的流动也很正常。

2. 本次罢工给企业带来了损失，一方面是罢工造成的停工给企业带来了损失，另一方面因解除劳动合同产生赔偿费用造成损失，同时造成了不好的社会影响。在此，我们设想，如果公司处理得当，能不能在罢工之前将问题处理得更好，以避免出现罢工这种性质的激烈冲突。

3. 企业稳定的前提是制度的稳定，用人制度要有一定的延续性。本案例中苏某在企业的创业和成长阶段应该为企业作出过巨大贡献，但为什么在企业调整阶段暗地指挥主管来煽动员工罢工，给企业造成巨大损失？作为企业老板的Y先生应该吸取教训，如果在企业出现状况后及时与管理人员沟通，可能结果会不一样。同时，本案企业的管理培训工作不完善。

4. 在企业规模越来越大时，应该将组织结构从简单型结构向职能型结构改进，但企业因为惯性以及原企业经营者W先生对苏先生的信任，加之可能因为年龄的原因而没有进行管理和调整，造成苏先生欲望的膨胀，缺少监管，从而造成了煽动罢工事件的发生。

5. 本案例以劳资双方都可接受的方式成功解决罢工问题，H先生的处理方式方法还是比较成功的。首先找出问题、其次找出源头、再次成立领导小组、最后采取系列措施来处理，而且分化罢工组织者苏某与员工。在具体谈判协商的时候根据劳动法律和人性化原则，处理结果使老板满意、员工满意、政府部门满意。

6. 本案例中，企业内部沟通的不畅和不及时是一个问题，在Y先生和苏某之间、Y先生与员工之间、新的管理层与员工之间、Y先生与W先生之间的沟通都存在一定的问题。这些问题降低了企业内部凝聚力，影响到了组织的稳定和良好的形象。

7. 解决冲突的方法：设置新的和较高层次的目标；协调冲突双方，树立共同的敌对因素；增强沟通；协商解决问题；扩展资源范围；第三者仲裁；权威性解决；调整组织结构；减缓冲突因素，强调双方的共同点；冲突双方采取回避的行为；冲突双方的吸收、合并。

冲突的结果主要表现在冲突双方行为的改变和调整：积极的冲突结果使群体除了在利益上的收获外，还获得了评价、调整、改变群体行为有效性的机会。消极的冲突结果导致了群体利益的丧失，同时，没有从冲突中使群体行为获得改造。本案例的结局显示本次罢工应该是一种积极的冲突。

8. 本案例中的苏某没有意识到新领导层变化对自己会造成什么影响，没有积极与新领导层沟通。

9.《中华人民共和国劳动合同法》对解除员工与企业的劳动合同有具体规定,本次罢工的危机处理领导小组在法律条款的运用上比较到位。

10. 在解除劳动合同时需要进行赔偿,标准在哪里,如何确保双方都接受也是本次危机得以危机处理的关键。

案例十二

出人意料的组织变革

案例正文

0 引子

随着企业所面临环境的日益多变，组织变革逐渐成为企业经营过程中的常态现象。当企业内外环境与条件发生变化，或组织成员期望与实际之间存在较大差距的时候，变革往往就会发生。组织变革客观上反映的是企业责权利结构的调整与改变，主观上却又涉及个体成员之间原有利益的再分配或工作上的不确定性，因此又经常会有阻力。为消除或减少组织变革的阻力，理论与实务界进行了广泛的探索，提出了许多方法。在实际执行过程中，忽视影响变革效果的诸多权变因素，会使原本完善的方案无法取得预期的效果，正和公司的组织变革很好地说明了这一点。

1 春风得意：从“土八路”到“正规军”

20 世纪 90 年代，国有企业体制改革方兴未艾，大批企业改制需求催生了诸多中小型的咨询公司，正和公司是其中的一员。创业者娄总发挥自身注册会计师的专业优势，于1998 年正式注册成立了正和公司，捕捉企业改制所带来的市场机会。几乎与所有初创的民营企业一样，活下去是首当其冲的问题。好在有人脉就有市场，娄总原本胸怀宽广、乐善好施、广结人缘，因此在改制咨询业务中总能分得一杯羹。但是，企业改制从一开始就注定是一个阶段性的事物。娄总最初的设想是，改制是短期的，但企业经营过程中的管理咨询需求却是长期的，因此咨询的业务应当大有可为。可事实情况证明，管理咨询需要长期的知识和经验积累，改制业务能力可以在短期内速成，管理咨询却不可以。再加上特殊的国情，连麦肯锡这样的全球知名公司尚且折戟沉沙中国市场，何况一家名不见经传的小企业？改制一结束，转型是必然的。此后，正和公司又尝试猎头业务、房地产中介业务，令娄总一直头疼的是这些行业的准入门槛很低，诸多小企业间不规范的竞争互相倾轧，很难做大做强。对企业而言，活下去就是胜利。转机出现在2002年，在小打小闹的中介业务中焦头烂额的正和公司得知当地核心商圈有一块土地公开拍卖，娄总力排众议决定赌一把，倾全公司之力进军商业地产开发与经营。若此举成功了，进入一个高门槛的行业实现历史性跨越；失败了，大不了从头再来。创业者的勇气与魄力再一次见证了神奇：正和公司绘出了当地商业地产史上浓墨重彩的一笔。正和公司投资2.3亿元建成了集购物、休闲、餐饮、娱乐于一体的一站式王府综合商业广场，开创了当地首家产权式商铺与商业地产"Shopping Mall"模式之先河，投资回报率近100%。2003年，正和公司乘胜追击，投资3.2亿元打造了占地73.6亩，经营面积9万平方米，商铺3 200余套，拥有1 000多个品牌经营商、300余家省级代理商的大型服装批发市场。正和公司从此走上了快速发展的通道，摆脱了为生计发愁的窘迫状态。

由于快速发展，贡献巨大，正和公司被推举为该市企业诚信协会副会长单位，被市政府列入重点扶持企业，先后被授予"全市优秀民营企业"、市级"诚信企业"、市级"重合同守信用企业"、全市"纳税大户""财源建设先进单位"。旗下王府广场被授予省、市"规范化文明市场"，省、市"百城万店无假货活动示范街"、省"文明经营区"和省"旅游休闲场所十佳品牌"等荣誉称号。正和公司终于扬眉吐气，结束了小打小闹的历史，当年的"土八路"变成了"正规军"，逐步形成了以房地产开发、房屋中介、商业地产运营为主营业务的房地产公司。自2005年开始，公司对下属业务按不同的事业部制进行管理，新提拔了一大批中高层领导干部，中高层薪资近2倍于当地同行业的平均工资，2005年年底，公司中高层全部配车。慷慨的大手笔在当地同行间引起热议，公司上下一片欢腾，都以作为正和的一员而骄傲。

携众志成城之势，创业者志得意满，不满足偏安一隅，进军省城是正和对外扩张的第一站。

2 折戟省城：破灭的肥皂泡

得益于两个广场运营为公司提供稳定丰厚的现金流，加之在商业地产领域的影响力和成功经验，正和公司进入省城首先选择的仍然是商业地产。2006年3月，正和公司抽调精兵将强组成了项目部，正式开始项目前期准备工作，为首的是在王府广场建设过程中立下汗马功劳的汤副总裁。在汤副总裁的领导下，项目部传回公司的都是大有可为的信号。很快，经过多方比较，最终确定省城核心商圈的200亩土地有改造意向，需要紧急攻关并同步导入项目策划工作。地产商需要面子来装点实力，事情有了眉目，公司当然全力支持。10余人的项目部办公室从经济型酒店的5个房间，一下变成了核心商圈内五星级酒店的一整层。迈向省城的脚步看起来坚实有力且信心十足。

为确保项目过程控制，汤副总裁每月都回公司述职，同时公司成立由总裁办公室、财务部、人力资源部、督察审计部组成的目标管理小组，每月奔赴省城了解项目进展。本就是亲如兄弟的同事，现在分居两地少了许多见面机会，目标管理小组每次到省城后自然少不了推杯换盏，接受项目部的热情款待。当然，考核结果与汤副总裁回公司述职的情况并无二致：进展良好。一片欣欣向荣的景象给了公司更加热切的期盼：省城项目将迎来公司发展史上第二次重大飞跃。

然而，客观事实往往不以人的主观意志为转移。房地产作为一个关系民生的行业，政府一定会密切关注。房地产行业的超速发展必然引致严格监管，其暴利时代也终究会走向尽头。如果说2005年的“国八条”让正和感觉到夏末午后的一丝清凉，那么2006年接踵而来的“国六条”，则令其直接感受到了冬天的寒冷。由于宏观调控力度明显加大，正和住宅开发和销售量急剧缩水。而且，由于初始的不断扩张，资产负债率超出正常水平，付清近4 000万元的贷款的利息之后，住宅开发利润几乎为零。这一切使公司比任何时候都需要省城商业地产项目的那支“强心剂”。

2006年年底，在全公司对省城项目的热切期盼中，汤副总裁和目标管理小组再一次传回了一致的消息：建议放弃省城项目，并给出了令人难以拒绝的理由：第一，项目费用过大。因为涉及文物和泉脉保护，此处拆迁费用初步估算18亿元，对公司来说无力承担且风险太大。第二，业态不好定位。即使筹措到资金，在现有地段星级酒店、高档写字楼、购物中心、步行街等业态一应俱全，我们的项目很难有独特且出彩的定位，预期销售前景暗淡。这个消息对娄总，乃至整个正和公司都需要一个困难的消化吸收的过程。一周之后，公司批复项目部的建议书：同意撤回。

历时大半年，耗资近千万，从令人鼓舞的进展良好变成建议放弃，这个破裂的肥皂泡浇灭了公司进军省城的希望之火。接下来的一段时间，整个公司安静得出奇，每个人都更加谨慎地处理自己年底的收尾工作。在不安的气氛中迎来了公司每年一度的新年酒会，娄总仍然热情地肯定了大家的工作，在涉及省城项目的时候仅仅宣布因诸多原因暂停，并没有过多的渲染。除去总结时间略短和稍显压抑的气氛之外，新年酒会与往年似乎并没有多大不同，但每个人都意识到这种平静背后也许会隐含着更大的风暴。在大家惴惴不安的猜想中，迎来了春节的假期，回到自己家中，每个人心头也许会更轻松些。天要下雨，娘要嫁人，年还是要过。年后发生什么？管他呢。

3 海滨密谋：三管齐下的变革方案

春节刚过完，娄总就去了省内的一座海滨城市，也许海风可以更有利于人的清醒。同行的还有1998年就加入公司的两名创业骨干，以及源本企业研究所所长和河东大学的一名教授，这两位是公司的管理顾问。这5个人要筹划的正是省城项目失利后，公司的发展问题。通过深入的讨论，形成了以下结论和意见。

第一，总结致使省城项目失利的原因。一方面，对宏观环境的预测不足，被以往的胜利冲昏了头脑，企业扩张有盲目的嫌疑；另一方面，企业近年来的快速发展使官僚习气严重，浮夸作风抬头，失去了脚踏实地的精神。五个人对此前"冒进"的思想作风和行为进行了深刻反思，对机构快速扩张所形成的官僚作风进行了严厉批判，对过于顺利的发展速度和环境所引起的麻痹懈怠思想的危险进行了深入分析，结论是必须要进行变革。

第二，对发展形式的基本判断。国家对房地产调控的持续存在必将迎来行业的重新洗牌，将来会是大型国有企业、知名民营企业、外资品牌三分天下的局面，房地产行业的竞争将向二三线城市蔓延，缺乏特色的中小型房地产公司将难有生存空间。尽管正和公司前几年获得了快速的发展，但在房地产行业里，仍然是一家初生的小公司。因此，必须痛下决心进行精兵简政，对现有不合理的组织结构进行调整，对不胜任的人员进行分流淘汰，学会过"紧"日子，尽快形成自己的发展特色。放弃房地产中介业务，进军商务酒店，加盟速8成立快捷酒店，同时利用王府广场成立以属相房、星座房等为特色的时尚酒店，逐步打造自有酒店品牌。

第三，讨论变革的指导思想。娄总反思了自己求大求全的思想，管理顾问指出了公司现行管理体制的问题：房地产是投资高、周期长、风险性大的行业，现行的事业部并非独立的利润中心，仍然是在公司整体决策下具体执行，而且三个事业部之间的业务存在密切的关联性，实际上是以"事业部制"之名，行"直线职能制"之实，没有继续维持下去的必要。本次变革务必以务实、简洁、高效的方式进行，力求符合公司实际情况。

在形成统一意见和明确指导思想之后，娄总先行回到公司主持新年后的工作，其余人员讨论具体的实施方案。

节后上班，大约是春节的喜庆冲淡了失利的阴影，大家在祝福的走动中交流想法。言及可能的变化，汤副总裁的观点给大家吃了一颗定心丸：变化当然要有，公司几时不曾变过？对省城项目，公司集体决策，成功或失败岂是一人之力？不能以成败论英雄，发展从来都不是一帆风顺的。开辟新市场交点“学费”在所难免，这必然是公司发展长河中的一朵浪花而已。至于如何变，当然需要公司高层讨论后决定，大家安心，自然波澜不惊。看到公司诸多高管依然镇定自若、谈笑风生，年前的紧张情绪大为缓解。只不过细心的人发现：两个创业骨干迟迟没有上班，仍然有一丝不安不经意间地掠过。

7 天之后，4 个人带着完成的变革方案回到公司。变革方案的中心思想是“瘦身、降薪、裁员”，其中的部分内容是：撤销原事业部管理体制，采用直线职能制，重要决策权重新收回公司；对新建地产项目以公司范围内组建项目小组方式统一调度；对原总裁办公室、人力资源部、督查审计部、法律事务部进行部门合并，成立新的综合管理部履行原有四个部门的职能；撤销无实质性业务进展的房地产研发中心；成立工程技术部、开发部、销售部等房地产专业部门；娄总、其他高层、公司中层的薪水分别调整为原水平的 50%、60%、70%，普通员工保持不变；对撤销机构的冗余人员在公司整体业务范围内实行竞聘上岗，未能竞聘成功者公司补偿后做辞退处理。

4 铁腕推行：坚决执行到底

等娄总看过方案，觉得非常充分地反映了海滨会议的思想，符合公司的实际情况。于是立即召开总裁办公会，召集部门负责人以上人员公布了组织结构和人员调整的方案，并宣布即刻实施。由于事情一直处于保密状态且动作迅速，尽管年前因为公司省城项目失利，大家都感觉会有新的举措。但截至会议通报之前，公司其他人员尚不知晓具体的改革方案，有的甚至连组织结构和人员调整都没听说过。短暂的沉默之后，财务总监、人力资源部部长等部分公司管理层表达了自己的意见，认为从全局看薪水调整幅度过大，不利于人员稳定，建议方案调整后缓慢推行。大多数与会人员频频点头表示赞同。娄总望着他们一副副大公无私的模样和一张张忧国忧民的脸，心底不禁泛起一阵恶心：当初工资水平是同行的两倍，怎么就没人反映增长不要过快？认为降薪幅度过大，怎么就不考虑公司业务经营的现状？娄总怒发冲冠，几乎不假思索：“现在的工作效率和工作状态，维持人员的稳定还有什么意义？你们能接受的就接受，不能接受可以选择离开。哪怕所有人都辞职，公司推到重来,变革也要坚决执行到底!"看到娄总铁腕推行的决心,所有人都不再提任何意见了,只有财务总监当即摔门而去:"这样的工作不做也罢!"尽管会议不欢而散,但变革依然火速推行开来。

与以往加法式的扩张性变革不同,这次"瘦身、裁员、降薪"三管齐下做减法的变革引起公司上下一片哗然,最终引起公司中高层的极大震荡。按变革方案所体现的意图,对省城项目相关人员清算的结果是:参与公司变革的两名创业元老一人出任财务部部长(直接向娄总负责),另一人出任综合管理部部长;原财务总监专门负责投融资业务,不再领导财务部工作;原人力资源部部长任综合管理部副部长,分管行政及人力资源工作;原总裁办公室主任、原督察审计部部长辞退,其他人员重新竞聘做调岗处理;汤副总裁知道自己是引起这次变革的导火线,与娄总深入沟通后主动辞职获准;原房地产研发中心总经理部门被撤销后发现竞聘岗位中没有适合自己的,辞职获准;原人力资源部部长数次表示希望任综合管理部部长未果后离职;财务总监后来向公司道歉,表示愿意接受调整并留任,半年后离职。

除了变革的制定者,唯一对变革表现出热情的,是那些没有受到波及的普通员工。他们私下认为这次变革开除了一些官僚习气重的公司领导,管理层与员工的薪酬差距缩小了,感觉公司更能向基层倾斜。他们逐渐展现出来的工作干劲和热情,或许是这次变革当时最大的收获。

5 尾声

无论多大的风暴终究会归于平静。曾引起高层极大震荡的变革方案最终调整到位,受到影响的公司业务也逐步恢复正常并持续发展。地产项目在全省铺开,酒店部已经单独成立酒店管理公司,运作速8、雅高、希尔顿等从经济型到五星级的世界知名酒店品牌,并逐步建成王府酒店的自有品牌。随着公司业务的好转,当年折戟省城带来的震惊与愤怒早就趋于平静,娄总有时甚至感谢进军省城的失败。正是那次失败促使他认真反思公司的发展问题,才得以在后来更严格的宏观调控中稳步发展。娄总也会经常想念那些离开的高管,无论他们当时的离职是主动还是被动,毕竟是当年一起并肩战斗过的兄弟。人往往是在失去之后,才感觉到在一起的时候的可贵。念及他们,娄总就会拿出当年设计的变革方案来看,几乎每个重要岗位的变动和影响都做了准确的预测,也都提出了相应的注意事项。无论从哪个角度,这也是一份近乎完善的变革方案,可为什么最终结果是那样的出人意料?每每念及此处,娄总就会陷入沉思……

案例使用说明

一、教学目的与用途

本案例是一篇描述正和公司组织变革的教学案例。旨在使学生对变革过程中的阻力和问题有更直观的认识，单纯完善的变革方案并不足以保证变革效果，为变革树立明确的愿景、保持公开性、增加透明度、建立信任感等一系列软硬性因素是确保变革顺利实施的重要条件。本案例所描述的正和公司的问题具有中国民营企业的一般性，通过案例分析加深学生对管理学科教学过程中组织结构设计、组织变革、领导力等内容的理解和掌握。

二、启发思考题

1. 如何评价正和公司前后两次的组织结构？
2. 如何评价正和公司的组织变革方案？
3. 组织变革过程中可能遇到哪些阻力？怎样消除或减少？
4. 对于娄总所思索的问题，你有什么答案？

三、分析思路

教师可以根据自己的教学目标（目的）灵活使用本案例，下述分析思路仅供参考。

根据本案例所透露的信息，正和公司在快速发展中，企业领导层盲目乐观情绪和管理主义现象有所抬头，企业盲目扩张、求快求大、不合理的组织结构导致的过程控制流于形式是进军省城项目失利的主要原因。从案例描述的公司业务来看，采用事业部的组织结构形式的确不适应企业发展的需要，目标管理小组对省城项目部的考核也流于形式，有人情大于法治的现象。

从制定变革方案内容来看，尽管“瘦身、裁员、降薪”三管齐下的方式有矫枉过正之嫌，但就方案本身而言，是符合正和公司的实际情况的。直线职能制与项目小组结合的组织形式比事业部制更符合公司的业务特点，部门和人员的调整是消除公司快速扩张所形成的“大企业病”的良药，而调低薪酬则符合当地经济发展水平及公司当前的实际情况。显然，变革结果出人意料的关键不在于方案本身，而是制定和实施变革的过程出了问题。

财务审计篇

案例十三

华谊传媒 IPO 募集资金投向之争

案例正文

0 引言

2009 年 10 月 23 日，创业板正式开板，为中国高成长的高新企业和中小企业融资开辟了重要的融资渠道。其目的主要是扶持中小企业，尤其是高成长性企业，为风险投资和创投企业建立正常的退出机制，为自主创新国家战略提供融资平台，完善了多层次的资本市场体系建设。创业板的开通不仅引起了市场的广泛关注，也引发了各校 MBA 学员的研究兴趣。一场关于华谊传媒 IPO 募集资金及其运用的案例讨论课正在热烈而有序的进行。MBA 学员通过讨论，对多个方面达成了的一致意见，比如营运资金的重要意义、华谊传媒 IPO 的重要意义、扩大电影和电视剧产能的必要性等。但是在以下两个方面仍然存在严重分歧：一是利用股权资金补充营运资金不足的合理性；二是公司进行影院投资的战略意义。

1 华谊传媒的背景

华谊兄弟传媒股份有限公司(简称华谊传媒)，是由华谊兄弟传媒有限公司(原名浙江华谊兄弟影视文化有限公司，简称华谊有限)依法整体变更、发起设立的股份有限公司。2004 年 11 月 19 日，浙江华谊兄弟影视文化有限公司成立，注册资本 500 万元。2006 年 6 月 28 日，浙江华谊兄弟影视文化有限公司的注册资本由 500 万元增至 5 000 万元，实收资本为 1 500 万元。2006 年 8 月 14 日，公司名称由“浙江华谊兄弟影视文化有限公司”变更为“华谊兄弟传媒有限公司”。2007 年 9 月 18 日，华谊有限实收资本变更为5 000 万元。2007 年 11 月 22 日，华谊有限注册资本增至 5 264 万元。2008 年 1 月 21 日，华谊有限依法整体变更为华谊传媒，以截至 2007 年 11 月 30 日公司经审计的净资产 116 645 916.07元按照 1∶0.857 981 的比例折成 10 008 万股，每股面值为人民币 1.00 元，注册资本为 10 008 万元，溢价部分计入公积金。2008 年 3 月 12 日，公司注册资本由 10 008 万元增至 12 600 万元。

华谊传媒主要从事电影的制作、发行及衍生业务；电视剧的制作、发行及衍生业务；艺人经纪服务及相关服务业务。其主要产品包括电影、电视剧，主要服务包括艺人经纪服务及相关服务。其主要业务收入来自于电影票房收入、音像、电视播映版权收入、衍生产品（贴片广告等）收入；电视剧播放权收入、音像版权收入、衍生产品（公关活动等）收入；艺人经纪佣金收入、企业客户艺人服务收入等。华谊传媒成立后，先从联合投资电影、电视剧、从事电影衍生业务（贴片广告等）、电视剧发行业务等入手进入广播电影电视行业。2004 年，华谊传媒成立伊始即与影业投资联合投资电影《天下无贼》，年末公映后，实现了 1.2 亿元的票房，位列年度票房三甲。之后，公司相继出品了《宝贝计划》《心中有鬼》《天堂口》《集结号》《功夫之王》《非诚勿扰》等影片，均取得了不错的票房业绩，继《集结号》取得 2.5 亿元的票房佳绩后，《非诚勿扰》再创逾 3 亿元的票房辉煌。2005 年，华谊传媒取得《广播电视节目制作经营许可证》后加大了对电视剧的制作投资，先后摄制了一批优秀电视剧。其中，《士兵突击》卫星频道累计播出 21 次，2007 年排名第一位（数据来源：CSM 媒介研究）。艺人经纪服务方面，华谊传媒旗下签约艺人众多，李冰冰、周迅、黄晓明、张涵予、陆毅、邓超、任泉、王宝强等一大批国内市场当红的艺人均与公司签订了独家演艺经纪合约。

华谊传媒是国内实现电影、电视剧和艺人经纪三大业务板块有效整合的典范，是在产业链完整性和影视资源丰富性方面较为突出的公司之一。在公司统一平台的整体运作下，电影、电视剧的制作、发行业务与艺人经纪业务形成了显著的协同效应。一方面，公司的影视业务能够为公司签约演艺人员提供宝贵的演艺机会，保证了公司人才培养机制的有效运作、艺人知名度的提升和商业价值的深度挖掘。另一方面，公司丰富的演艺人才储备又可以为公司影视业务提供知名演职人员，互利的合作能够在保证影视剧质量和市场号召力的同时降低投资成本。

2 华谊传媒募集资金数量

华谊传媒是首批获得创业板上市资格的企业之一。本次获准发行股票种类为人民币普通股（A 股），每股面值人民币 1.00 元；发行股数为 4 200 万股，占发行后总股本的比例为 25%；每股发行价格为 28.58 元/股。每股收益，发行前

0.54元/股(按照2008年经审计的扣除非经常性损益前后孰低的净利润除以本次发行前总股本计算),发行后0.41元/股(按照2008年经审计的扣除非经常性损益前后孰低的净利润除以本次发行后总股本计算)。市盈率,发行前52.93倍(发行价格除以发行前每股收益),发行后69.71倍(发行价格除以发行后每股收益)。每股净资产,发行前2.22元(截至2009年6月30日),发行后8.50元(按截至2009年6月30月经审计净资产加上本次发行预计募集资金净额除以本次发行后股本计算)。市净率,发行前12.87倍(按发行前每股净资产计算),发行后3.36倍(按发行后每股净资产计算)。

本次发行采取余额包销方式,由主承销商组建的承销团包销剩余股票预计募集资金总额和净额:募集资金总额为120 036万元,扣除发行费用以后的募集资金净额约为114 806万元。发行费用概算:本次发行费用总额约为5 230万元,其中:承销及保荐费用为3 800万元;审计、验资及评估费用为410万元;律师费用为240万元;宣传及信息披露费用为490万元;路演推介及差旅费用为290万元。

3 华谊传媒募集资金的运用

华谊传媒本次募集资金主要用于补充影视剧业务营运资金和影院投资项目,其中后者为备选项目。

3.1 补充影视剧业务营运资金项目

华谊传媒影视业务的总体发展定位为精品定位,近2年的产量目标为:电影年产量6部左右,其中2部进入当年度国产电影票房收入前十名;电视剧年产量达到600集以上的规模,其中有2～3部是当年度具有较大影响力的作品。

按照华谊传媒目前影视剧业务的单部电影或单集电视剧投资金额及目标产能保守估计公司为实现产能目标所需补充的运营资金为76 020万元,具体资金需求情况如表13-1所示。

表13-1 华谊传媒投资总预算表

单位:万元

影片类型	部数/集数	投资预算
大制作影片小计	4	31 500
其中:执行制片摄制	2	20 000
非执行制片摄制	2	11 500
中小制作影片	2	6 000

（续表）

影片类型	部数/集数	投资预算
电影合计	6	37 500
电视剧合计	642	38 520
投资总预算	6部电影、642集电视剧	76 020

资料来源：华谊传媒招股说明书。

考虑到华谊传媒现有营运资本和其他业务对营运资本的需求，公司测算的营运资金内缺口为62 191.67万元，如表13-2所示。

表13-2　营运资金需求测算表

单位：万元

	科目（2009年6月30日）	金额
现有运营资本（C）	流动资产（A）	62 944.37
	流动负债（B）	32 116.04
	公司现有运营资本总额（$C=A-B$）	30 828.33
其他业务所需运营资金量（H）	预计年均应付股利（D）1	1 000.00
	预计年均期间费用（E）2	12 000.00
	国际发行公司总投资（F）3	4 000.00
	其他业务所需运营资金量 $H=D+E+F$	17 000.00
影视投资制作资金总需求量（I）	6部电影，642集电视剧	76 020.00
需补充影视业务运营资金（J）	$J=I-[C-H]$	62 191.67
本次募集资金补充		62 000.00

注：1. 为了更好地符合证券市场要求上市公司提高分红比例的发展趋势，公司上市后年均分配现金股利预计将不低于1 000万元。

2. 公司2009年1～6月发生的期间费用为5 834.94万元，基于公司业务规模将随着募集资金项目的实施而进一步扩大，因此预计未来年均期间费用为12 000万元。

3. 为加快发展国际发行业务，公司已确定后续需追加投资4 000万元，即需要占用4 000万元的营运资金。

资料来源：华谊传媒招股说明书。

3.2　影院投资项目（备选项目）

华谊传媒本次实际募集资金若超过补充营运资金项目的投资额，则超出部分将用于影院投资。若用于影院投资项目后仍有余额的，则将剩余资金继续用于补充公司流动资金。

影院投资项目所需总投资为12 966.32万元(见表13-3),拟用2年的时间在全国投资建设6家电影院,目的是在立足于公司在电影投资、制作、发行方面的丰富经验的基础上,进一步延伸电影产业链,进入影院放映业务,进一步实现公司打造电影产业完整产业链的发展战略。

表13-3 影院投资项目资金需求预测表

单位:万元

资金用途	合　计	资金用途	合　计
建筑物改造	2 220.00	其中:预付租金	415.00
装修及机器设备	9 831.32	合　计	12 966.32
运营资金	915.00		

资料来源:华谊传媒招股说明书。

4 募集资金运用对华谊传媒财务和经营状况的整体影响

根据华谊传媒的招股说明书,本次募集资金运用对公司财务和经营状况的影响如下。

4.1 提升盈利水平、增强综合竞争力

本次发行募集资金项目投产后,华谊传媒的电影业务规模将从目前的3～4部提高到6部,电视剧业务规模将从目前的300集提高到600集以上,相应的公司的资产规模、营业收入和利润将会实现较大幅度的提升。

4.2 净资产大幅增加,净资产收益率短期内将有所下降

本次发行后,华谊传媒净资产和每股净资产将大幅增长,短期内公司的净资产收益率会有所下降。

4.3 降低财务风险

募集资金到位后,以2009年6月30日为基准日计算,华谊传媒资产负债率将由44.31%下降到18.53%,偿债能力将显著增强,公司的财务风险会有所降低。

4.4 进一步巩固华谊传媒在行业中的领先地位

募集资金到位后,困扰华谊传媒业务增长的运营资金不足问题将得以显著改善,公司的影视剧出品能力将得到提升,市场份额将快速提高;影院投资项目的实施有助于公司进一步完善电影产业链,增加新的收入和利润增长点。因此,募集资金的运用和募集资金投资项目的实施将进一步巩固公司在影视剧行业的领先地位,有助于公司发展战略的实施和发展目标的实现。

5　MBA 学员关于募集资金及其投向之争

关于华谊传媒募集资金及其投向，MBA 学员通过讨论对多个方面达成了的一致意见，比如营运资金的重要意义、华谊传媒 IPO 的重要意义、扩大电影和电视剧产能的必要性等，但是在以下两个方面仍然存在严重分歧。

5.1　利用股权资金补充营运资金不足的合理性

对于华谊传媒通过 IPO 募集股权资金用于补充营运资金，大多数学员都表示不认可，因为按照资金来源的期限结构与资产期限结构匹配原理，股权资金应用于长期资产的资金需求。第二组林旭东的发言具有一定的代表性，他说："分析是否应该利用股权资金补充营运资金不足，需要根据匹配原理。所谓匹配原理实质是指资金来源的期限和资产的期限相匹配。一般说来，长期资产应当使用长期资金来源，短期资产则应当使用短期资金来源，这样风险与收益是均衡的。使用长期资金来源满足短期资金需求就会造成变现力过剩。这种过剩的变现力会增加企业的资金成本。因此，我们认为利用股权资金补充营运资金不足不合理。关于这一点，同学们可以看看其他上市公司的招股说明书，它们几乎都是将 IPO 募集的资金用于项目投资。"

也有一部分学员赞同使用股权资金补充营运资金不足。第五组的杨艳艳说："营运资金实力是影视企业的发展基础和核心竞争力之一，从全球影视业的发展现状来看，资金实力是决定影视企业市场地位的核心要素。是否实现了资金来源的期限结构与资产期限结构的匹配，不能只看'会计'上的期限，而应看实质上的期限。实质重于形式。影视作品投资摄制普遍存在跨期现象，实现销售收入并回笼资金往往需要 1 年以上的时间，这使得影视摄制业务所需营运资金的回收周期较长。所以，无论从营运资金的重要性还是从营运周期来讲，用权益资金补充营运资金不足都是可取的。"

林旭东反驳说："尽管听起来你说的似乎有道理，但股权资金融资成本高，公司完全可以利用自身的信誉向银行获得中、长期借款或周转性信贷来满足营运资金需求，特别是使用周转性信贷，不仅可以使资金来源期限与资产结构期限在形式上和实质上得到匹配，更可以节约资金成本"。林旭东同学的发言获得了不少赞同，他们鼓掌予以支持。林旭东受到鼓舞，接着说："华谊传媒融资后，公司负债率将会降到 18%左右，如此低的负债率显然没有充分利用杠杆效应，这与最大化股东财富的理财目标不一致。"

5.2　华谊传媒进行影院投资的战略意义

关于华谊传媒影院投资项目，学员们有不同的观点：一方认为影院投资项目是实现公司打造电影产业完整产业链的发展战略的必然选择；另一方观点是影院投资项目不是公司所擅长的，可能会影响公司的核心竞争力。具有代表性的发言是第一组的姜忠信和第三组的魏华。

姜忠信认为："电影业是一个强调规模效应和产业链完整性的行业。业务范围能够覆盖剧本开发、电影摄制、院线经营、影院投资、衍生品生产销售和艺人经纪服务在内的全部电影产业环节的综合性电影企业将拥有更强的电影投资制作及发行能力，能够借助完整的产业链形成业务协同效应，不但有助于从电影业务各个环节赚取利润，而且能提升企业的议价能力和抗风险能力。华谊传媒的竞争优势主要体现为公司在电影制作发行方面的强大实力和对电影产业资源突出的整合能力，劣势则体现为资金实力有限及电影产业链尚未构建完整。投资影院，进入影院放映业务，在立足于公司在电影投资、制作、发行方面的丰富经验的基础上，进一步延伸电影产业链，进一步实现公司打造电影产业完整产业链的发展战略。"关于本次募集资金投资于影院项目，他认为可以为公司影院业务的发展和公司后续建立自有电影院线奠定坚实的基础，他说："影院是公司电影摄制、发行的下游，按惯例可分得票房收入的50%左右，是产业链中附加值较高的环节，有着较好的稳定投资回报，公司在电影摄制和发行以及品牌建设方面的优势地位能够给公司介入影院业务提供较大的支持。影院投资项目完成后，将会取得良好的社会效益和经济效益，为公司带来新的利润增长点和发展空间。同时，本次影院投资项目也为公司影院业务的发展和公司后续建立自有电影院线奠定了坚实的基础。"

此外，他认为，"华谊兄弟"品牌效应将有助于"华谊影院"获得理想的票房。根据世界品牌实验室和世界经济论坛联合主办的世界品牌大会发布的2006年《中国500最具价值品牌》排行榜，"华谊兄弟"品牌价值14.25亿元，居国内传媒企业领先地位。公司目前业已建立了包括王忠军、王忠磊、冯小刚、张纪中、吴毅、李波、杨敏、刘艳等在内的一批优秀的影视娱乐业经营管理和创作人才队伍，同时拥有包括黄晓明、李冰冰、周迅、邓超等著名艺人在内的国内富有竞争优势的签约艺人队伍，这构成了公司突出的人才优势，也是公司的核心竞争力之一。知名品牌和知名导演与演艺人员的号召力，会大大提高"华谊影院"的竞争力。

魏华很认真地聆听同学们的观点，但是姜忠信的侃侃而谈并没有改变她的观点。针对姜忠信的发言，她说："华谊传媒是国内最大的影视制作及艺人经纪服务企业之一，是国内领先的影视衍生产品运营商，也是国内较早建立集艺人经纪、影视制作与发行为一体的传媒企业之一，并建立了较为完整影视产业链。

这一点我们并不否认。但是影院业务与影视作品制作，无论在业务流程、资产特征，还是管理、人才以及盈利模式等方面，都有巨大差异，公司现有优势并不会自然延展到影院业务上。”魏华顿了顿，接着说：“何况，影院业务领域也有激烈竞争，目前该领域最具竞争力的企业包括广州飞扬、深圳嘉禾、华星等，大家可以看一下这个表格（表 13-4），票房收入是 2007 年的数据。”

表 13-4　2007 年影院票房排行榜

单位：万元

排名	电　影　院	主要投资方	投资者类型	票房收入	厅及座位数
1	广州飞扬电影城	丽声集团(CAV)	财务	5 621	14 厅，3 000 座位
2	深圳嘉禾影城	香港嘉禾集团	产业	4 444	7 厅，1 200 座位
3	北京 UME 华星国际影城	香港 UME 集团	产业	4 326	5 厅，1 200 座位
4	上海永华电影城	上海文化广播影视集团	产业	4 140	11 厅，1 529 座位
5	武汉万达电影城	大连万达集团	财务	4 092	7 厅，1 315 座位
6	北京星美国际影城	星美传媒集团	财务	4 048	9 厅，2 100 座位
7	天津万达电影城	大连万达集团	财务	3 074	10 厅，2 674 座位
8	武汉金逸国际影城	广州金逸影视投资	产业	3 072	5 厅，973 座位
9	上海和平影都	上海大光明文化集团	产业	2 957	10 厅，1 299 座位
10	广州中华广场电影城	广州演出电影公司、中国电影集团	产业	2 738	8 厅，1 300 座位
占全国票房收入比例(%)				11.58	

数据来源：《2007 年中国电影市场报告》及各家电影院网站公开信息整理而得。

魏华看到同学们的眼光被这张精心准备的表格吸引，很得意，她提高了嗓门：“更重要的是，影院投资回收周期相对较长，固定资产投入占比高，影院投资将对华谊传媒以往的业务与盈利模式以及资产结构产生重大的影响，甚至会削弱影视业务的竞争力。关于这一点，请同学们回想一下在《企业战略管理》中所学的‘核心竞争力’与‘归核化’原理。”

6　指导教师的教学引导

李伦老师是一位资深的 MBA 教师，在案例教学方面有丰富的经验。他倾听着学员们的讨论，并记录着学员们的主要观点，特别是引起争议的地方。有学员遇到疑问时，李老师也给予简洁的解释。看着学员们热烈的辩论，李老师露出欣慰的笑容，并不露声色地引导学员们关注下列资料。

6.1 近期主要会计数据

华谊传媒2006—2009年主要会计数据(见表13-5)。

表13-5 华谊传媒2006—2009年主要会计数据表

单位:元

资　　产	2009-06-30	2008-12-31	2007-12-31	2006-12-31
流动资产:				
货币资金	110 199 515.85	80 796 298.63	45 135 541.74	37 928 963.31
交易性金融资产	—	—	—	—
应收账款	155 055 066.19	178 621 878.49	120 183 852.19	15 709 837.19
预付款项	65 284 690.89	25 667 358.08	36 515 292.58	3 459 016.98
其他应收款	13 513 899.63	8 786 351.45	7 377 788.86	2 715 613.89
存货	285 390 522.86	231 926 218.55	106 789 794.87	102 186 345.99
其他流动资产	—	—	—	—
流动资产合计	629 443 695.42	525 798 105.20	316 002 270.24	161 999 777.36
非流动资产:				
长期股权投资	4 211 826.43	14 722 258.43	—	26 480 000.00
固定资产	32 901 015.37	6 968 855.62	1 078 765.89	207 288.57
商誉	—	—	—	—
长期待摊费用	6 669 211.76	5 392 400.00	—	—
递延所得税资产	1 258 343.34	2 220 686.97	379 067.45	467 528.68
非流动资产合计	45 040 396.90	29 304 201.02	1 457 833.34	27 154 817.25
资产总计	674 484 092.32	555 102 306.22	317 460 103.58	189 154 594.61

资料来源:华谊传媒招股说明书。

7 结束语

争论还在进行，但学员们在使用理论、阐述观点、列举证据方面愈加缜密和完善。李老师看看表，该到总结和点评的时候了。这一刻也是学员们期待的，他们希望老师能指点迷津。对于他们达成或没达成一致的观点，李老师会做怎样的评价呢？

案例使用说明

一、教学目的与用途

本案例是一篇关于IPO募集资金运用、营运资金战略和投资战略的综合性教学案例，其教学目的在于使学生对营运资金的用途、重要性进行感性认识，并根据公司资产特征、资金来源的期限与资产的期限匹配原理、风险与收益均衡原理，进行营运资金融资战略的权衡与决策。本案例还有助于引发学生对公司战略定位的初步思考。

二、启发思考题

1. 你认为营运资金对企业的意义何在？

2. 较之典型的制造业企业，你认为华谊传媒资产的特点是什么？

3. 你是否认同华谊传媒通过IPO募集股权资金用于补充营运资金？为什么？

4. 你认为华谊传媒将影院投资项目作为备选项目是否具有可行性？对公司的战略会产生什么样的影响？风险在哪里？

5. 你认为本案例运用了哪些财务原理？

6. 如果你是李老师，该如何评价华谊传媒的发展战略？

三、分析思路

教师可以根据自己的教学目标（目的）来灵活使用本案例。这里提出本案例的分析思路，仅供参考。

营运资金实力是影视企业的发展基础和核心竞争力之一。从全球影视业的发展现状来看，资金实力是决定影视企业市场地位的核心要素。由于国内影视企业绝大多数还未建立资本市场的直接融资渠道，而影视行业轻资产的经营特点又较难获得传统的以抵押贷款形式为主的银行贷款，因此国内影视企业的融资渠道贫乏，资金实力较弱。华谊传媒所从事的影视业务具有“轻资产”的特点，生产经营中所投入的资本较少形成固定资产，而是大多以流动资产的形态存在，这决定了影视业务对流动资金或营运资金的需求量很大且持续于整个生产过程之中。同时，影视作品投资摄制普遍存在跨期现象，即从启动投资开始拍摄到实现销售收入并回笼资金往往需要1年以上的时间，这使影视摄制业务所需营运资金的回收周期较长。在上述双重因素的作用下，影视投资制作业务的规模扩张对营运资金具有高度的依赖性，营运资金规模直接决定了公司影视剧制作产能。因此，华谊传媒利用IPO募集资金补充营运资金不足具有合理性。

影院投资项目拟投资金额约为1.30亿元，计划在国内主要城市建设6家现代化的多厅电影院。尽管影院是公司电影摄制、发行的下游，按惯例可分得票房收入的50%左右，是产业链中附加值较高的环节，有着较好的稳定投资回报，华谊传媒在电影摄制和发行以及品牌建设方面的优势地位能够给公司介入影院业务提供较大的支持，而且公司也已为此做好了技术、人员、管理上的准备。但该类投资回收周期相对较长，固定资产投入占比高的特点，仍将对公司以往的营收模式及资产结构产生一定的影响。此外，华谊传媒的核心竞争力在于影视制作和经纪业务，该竞争优势和能力不能直接移植到影院业务。因此，华谊传媒进行影院投资具有较大的风险。

案例十四

用友、金蝶之资本竞技谁是赢家

案例正文

0 引言

创立于1988年的用友公司与创建于1991年的金蝶公司同为软件公司，它们主营业务方向同为软件销售、软件配套及技术服务。快速成长的两家高技术企业发展方向相近，规模、市场占有率和盈利能力也都在同一级别。市场上流行的“北用友、南金蝶”的说法，形象地描述出了“软件双侠”的至尊地位，以及它们之间的竞争态势。企业的高速发展需要资金支持，而银行贷款多以资产担保为基础，这使以人力资本为主的软件企业无法顺利进行债务融资，上市进入资本市场成了两家企业融资积累的有效捷径。2001年，金蝶、用友分别在香港与上海相继上市，两企业在业务拓展竞相发展的同时，资本运作上也开始同时登台，展开资本竞技。本文以用友、金蝶资本竞技为典型案例，通过案例研究的方式，首先，从两家企业的背景和上市历程进行梳理；其次，对两家企业上市后对募集资本使用的不同特点进行分析和归纳，并结合相关融资理论与公司治理等理论对两家企业成长路径演化机理进行理论分析；最后，总结、提炼两家企业的成长经验与启示。

1 案例研究背景

资金是企业的血液，对于高科技企业，尤其是高成长阶段的企业来讲更是如此。许多质地良好、行业优势显著、拥有自主知识产权的企业，因为缺乏资金而倒在起跑线上。金蝶公司自成立以来5年时间里，数次与银行申请、交涉，最终却只获得80万元贷款。一般来说，能否取得银行贷款，取决于企业的资产状况和还贷能力，而软件企业的主要特点是人力资本起主要作用，这类企业中除人力资本以外的资产相当贫乏，因此当企业进行以资产担保为基础的债务融资时，会遇到很多困难。事实证明，在当时的政策环境下，与金蝶一样的软件公司面临着同样的问题，即向银行贷款这条路走不通。而高科技软件企业正处于高速成长期，对资金的需求相当迫切，因此，上市便成了高科技软件企业一条行之有效的捷径。

1.1 用友公司简介

用友公司创立于 1988 年 12 月，由王文京与苏启强合伙创办。1995 年 1 月，用友软件集团成立。1999 年，用友软件成功改制为股份有限公司，完成了 A 股上市的组织准备，2001 年 5 月 18 日，用友在上海上市。目前用友公司是亚太最大的管理软件、ERP 软件、集团管理软件、人力资源管理软件、客户关系管理软件、小型企业管理软件、财政及行政事业单位管理软件、汽车行业管理软件、烟草行业管理软件、内部审计软件及服务提供商，也是中国领先的企业云服务、医疗卫生信息化、管理咨询及管理信息化人才培训提供商。中国及亚太地区超过 150 万家企业与机构使用用友软件，中国 500 强企业超过 60%使用用友软件。用友软件股份有限公司连续多年被评定为国家“规划布局内重点软件企业”，2010 年，获得工信部系统集成一级资质企业认证；2011 年，获“年度中国经济十大领军企业”、上交所“年度董事会奖”。“用友 ERP 管理软件”系“中国名牌产品”。

用友公司拥有由总部研发中心（北京用友软件园）、南京制造业研发基地、重庆 PLM 研发中心、上海先进应用研究中心、上海汽车行业应用研发中心、深圳电子行业应用开发中心等在内的中国最大的企业应用软件和企业云服务研发体系和超过 3 500 人的研发队伍。用友公司的 100 多家子公司、3 000 多名服务专家、3 000 多家合作伙伴组成了中国管理软件业最大的服务生态系统。在日本、泰国、新加坡等亚洲地区，用友建立了分公司或代表处；在法国，用友与源讯合资成立云安公司，为欧洲、中东和非洲（EMEA）的企业用户提供从 ERP 管理软件、财务系统到 IT 咨询的一站式创新型产品、服务和云应用。

以用友软件股份有限公司为主体的用友集团，定位于企业及政府、社团组织管理与经营信息化应用软件与服务提供商，旗下还拥有北京用友政务软件有限公司、畅捷通信息技术股份有限公司、用友汽车信息科技（上海）有限公司、厦门用友烟草软件有限责任公司、用友医疗卫生信息系统有限公司、用友新道科技有限公司、北京用友华表软件技术有限公司、北京用友审计软件有限公司、用友长伴管理咨询（上海）有限公司、北京用友幸福投资管理有限公司、成都财智软件有限公司等在内的投资控股企业。

用友公司的发展目标是成为世界级管理软件与云服务提供商。

1.2 金蝶公司简介

金蝶公司最初创办于1991年7月，由徐少春创办的“深圳爱普电脑技术有限公司”发展而来。1993年，爱普电脑与招商局蛇口社会保险公司及美籍华人赵西燕，合资成立深圳远见科技发展有限公司（后更名为深圳金蝶软件科技有限公司）2000年，金蝶软件国际集团有限公司成立。金蝶公司于2001年2月，在香港联合交易所创业板挂牌上市，2005年7月，转板香港主板市场，2011年3月7日起正式被纳入恒生综合指数成份股。

金蝶国际总部位于中国深圳，金蝶国际附属公司包括专注于中国大陆企业管理与IT整合服务市场的金蝶软件（中国）有限公司，专注于中间件业务的深圳市金蝶中间件有限公司，专注于为小企业提供一站式管理软件及电子商务服务的金蝶友商电子商务服务公司，为政府及公共部门提供公共管理和服务平台软件及服务的北京金蝶政务软件有限公司，专注于为医疗卫生机构及主管部门提供信息化整合解决方案服务的金蝶医疗软件科技有限公司，以及专注于除中国大陆以外的亚太地区及海外市场的金蝶国际软件集团（香港）有限公司、金蝶国际软件集团（新加坡）有限公司等。目前该集团拥有员工近万人。

金蝶国际在中国大陆设有深圳、上海、北京三个软件园，在深圳、上海、北京、成都、广州和新加坡等六地设立了研发中心。在中国大陆拥有105家以营销与服务为主的分支机构和2 400多家咨询、技术、实施服务、分销等合作伙伴。金蝶营销、服务及伙伴网络在中国大陆分为南方、华南、北方、东北、华东、西部六大区域，遍及300多个核心城市和地区；集团客户遍及亚太地区，包括中国大陆、中国香港、中国台湾、新加坡、马来西亚、印度尼西亚、泰国等国家和地区，总客户数量超过100万家。

金蝶公司以“成就员工梦想，帮助顾客成功，让中国管理模式在全球崛起”为使命，为世界范围内的企业和政府组织提供管理咨询和信息化服务。金蝶公司连续7年被IDC评为中国成长型企业市场占有率第一名、连续5年被《福布斯亚洲》评为亚洲最佳中小企业、2011年金蝶公司荣获香港顶尖资本杂志《CAPITAL》颁发资本杰出企业成就奖，2010年金蝶公司继Capgemini、HP、IBM、SAP、Sun等国际知名厂商后成为TOGAF企业架构标准制定权威组织The Open Group第6家董事会成员。2010年，金蝶公司旗下友商网被计世资讯评为管理型SAAS市场份额行业第一、金蝶公司中间件荣获“德勤高科技、高成长亚太区500强”荣誉。自2007年IBM等入股金蝶国际，成为集团战略性股东后，金蝶公司与IBM组成紧密的全球战略联盟，共同在咨询、产品、技术、市场、渠道等全面合作，打造“金蝶产品”与“IBM交付服务”结合的创新业务模式。

金蝶公司以快速响应客户需求、为客户提供全生命周期的服务作为不断前进的动力。未来4年，金蝶公司将在企业管理软件及咨询服务、电子商务、中间件和电子政务、电子医疗五个产业中占据领导者地位。未来10年，金蝶公司致力于打造百亿级管理智库，与中国企业一起推动中国管理模式在全球崛起，成为亚洲第一、全球领先的管理与IT整合服务品牌。

2　案例分析与研究发现

用友、金蝶作为引领中国软件业发展的两大巨头公司，它们的企业行为备受广大消费者和社会各界的关注。两家企业几乎同时登台资本市场，对我国软件业的发展产生了深远的影响。

2.1　资本竞技，同时登台

在主动向银行申请贷款，债务融资效果不理想的前提下，金蝶公司意识到要想实现高效率的积累，资本市场是一条行之有效的捷径。1997年，金蝶公司开始酝酿上市，最早瞄准国内A股市场。但在1997年，企业上市还是要通过审批，取得上市指标。当时额度导向是为国有大中型企业服务，董事长徐少春清楚地意识到国内主板市场的苛刻条件对以软件为主营业务的金蝶公司来说，靠额度上市一时间没有希望。1998年5月1日，金蝶公司决定吸收美国风险投资商IDG分两次投入的2 000万元人民币现金，作价25%的股份。2000年，金蝶公司完成资产重组，成立金蝶软件国际集团有限公司。2001年2月15日，金蝶在香港联合交易所创业板挂牌上市，拉开了金蝶公司资本市场运作的序幕。

此时用友公司奔向资本市场的步伐也没有落后，1999年，用友公司成功改制为股份有限公司，完成了A股上市的组织准备；2001年5月18日，用友公司在上海隆重上市；适逢当年A股市场的火爆，用友公司成了沪市一只耀眼的明星。

值得人们关注的是两家企业上市前后的资本变化。上市前，同为软件公司，主营业务相同，发展方向相近，规模、市场占有率和盈利能力也都在同一级别。“北用友、南金蝶”的说法，也形象地描述出了软件双侠的至尊地位，以及它们之间的竞争态势。根据国际数据集团2000年5月编制的《中国财务软件市场分析报告》，用友公司和金蝶公司的市场占有率分别为35.6%和32.8%，两者相差无几。2000年，用友公司和金蝶公司的营业额分别为2.13亿元和1.65亿元，用友公司领先29个百分点。但扣除非经常性损益后金蝶公司尚有2 235万元的净利润，用友公司却颗粒无收。综合各种情况，可以说双方的业绩算是旗鼓相当。然而，不同的是用友公司在境内A股市场上市，金蝶公司登陆的却是香港创业板。用友公司发行市盈率达64倍、募集资金净额近9亿元人民币；金蝶公司发行市盈率仅22倍、筹资净额仅7 200万港元。更奇的是发行价高达36.68元的用友公司上市当天就冲高到100元，发行价只有1.03港元的金蝶公司上市当天却跌到了0.69港元。10倍的募集差异是来自不同的市场制度，还是来自各自的机遇不同？募集资金的巨大差距，能否将两家上市前业绩相当的企业彻底拉开？

2.2 8.88亿与7 200万的落差

2001年2月15日，金蝶公司成功登陆香港创业板。IPO（股票首次公开发售）发行8 750万股（总股本的20%），虽然市盈率仅为22倍，但市场却反应平淡，未获超额认购，上市当日居然还跌破发行价（收盘价为0.69港元，跌幅高达33%）。募集资金净额仅为7 200万港元。

92天后，用友公司在沪市挂牌，发行2 500万股，发行市盈率64倍，募集资金净额8.88亿元人民币。盘中股价一度上摸到100元（市盈率超过200倍），收盘价报92元，全日换手率85.6%，成交金额17.36亿元。用友公司IPO成为永久的传奇，当年掀起的旋风仍让人惊叹。直观来看，上市地点的不同造成了巨大的IPO差距，到底是什么原因使徐少春放弃境内A股而选择港股上市呢？

2.2.1 资本市场选择

用友、金蝶两家公司不仅在业务拓展上奋力争先，在资本运作上也你追我赶。当时，内地企业登陆资本市场最具可操作性的是沪、深A股市场和香港联交所。用友公司创始人王文京背景深厚，获得A股席位不在话下。金蝶公司掌门人徐少春的公关能力也不可小视，而且作为深交所所在地软件企业的排头兵，金蝶公司自然也不会被有关部门亏待。但徐少春最终选择了香港创业板上市，主要有五个方面的原因：其一，香港创业板上市过程受人为因素影响少。金蝶公司运作A股上市的成功率在用友公司之下，而具备亿元级的营业额和千万级的净利润，金蝶公司在香港创业板上市万无一失，不仅规避了风险而且还可轻松领先对手一步。其二，当年香港创业板初开、各界寄予厚望，盼它成为东方的纳斯达克。作为高科技软件企业，从A股所获有限，而新兴的海外二板市场却令人遐想。显然，金蝶公司抱有更大的期望。其三，香港股市是国际资本市场的重要组成部分，有着成熟、发达的衍生金融市场，在会计准则、公司管理方面完全国际化。企业在香港上市，可同时获得优于内地的持续融资渠道及企业品牌、资本国际化的便利。金蝶公司本身就是外资企业，在海外上市为外资股东的退出提供了更为便利和灵活的渠道。总之，对金蝶公司来说，在香港上市能提高公司的国际化程度、完善公司治理结构、吸引和激励人才，是一举多得的必然选择。即使王文京处在当年徐少春的位置，恐怕也会作出同样的选择。其四，便于沟通。金蝶公司的股东也曾经提出过去纳斯达克上市，但是，金蝶公司有自己的想法。“金蝶公司是一家外资企业，但它的主要实体还在国内，香港恰恰是一个华人世界，与内地交流没有问题，我们只要有一点声音，马上就会反映给投资者，这有利于股票市场与公司经营业绩挂钩。同时香港作为自由港也属于全球开放市场的一部分，未来金蝶成熟了，要从这里去更大的市场上也不难。”其五，有利于股东变现。利用风险资本创业的高新技术企业，由于企业自身的快速成长，往往需要可持续性的融资和即时的融资。这样，风险企业需要的常常不是一个融资对象，而是更为广阔的融资渠道，由此来保证融资源源不断和及时有效。而且，从风险投资的角度看，风险投资企业是需要高回报的，最终还是要靠上市来实现价值，满足风险投资退出套现的要求。

用友公司选择国内主板上市，王文京说的理由是：第一，用友公司的客户市场主要在国内，国内上市对业务的支持会更好，市场影响会更好；这一点亦不无道理，因为海外上市极有可能造成像搜狐哀叹的那种“孤儿”局面，张朝阳曾把搜狐股票大跌原因直接归结于“了解搜狐的人买不成搜狐的股票，不了解搜狐的人却在买搜狐的股票”，而选择在内地上市就不会造成投资者和用户的脱节。第二，从全球角度看，有影响力的国际大公司一般都选择在自己的资本市场上市，这对公司的长远发展会更有利。第三，王文京没有公开提及的是，当年A股市场的火爆和极高的市盈率，是否也是其选择国内主板的原因呢？

2.2.2 募集资本的使用

两家业绩差别不大的企业，在不同地点上市，IPO募集金额相差10倍，手头宽裕程度不同，上市后资本运作的路数也不一样。用友公司大手笔的市场运作与并购，让人们见识了资本的力量；金蝶公司的精打细算多少让人慨叹“圈钱太少”。从那时起，国内高科技企业选择在哪里上市，成了人们讨论的焦点话题。具备上市条件的企业家们，在讨论上市地点的选择时，总会提到用友公司、金蝶公司的巨大落差。

上市募集是企业成长过程中的一个步骤，后期的资金使用效率与企业的成长直接相关。用友公司年报披露，2001年募集的资金，到2004年年底已按招股承诺使用了92.7%，其中的85.3%投入了25个应用软件系统的研发当中。由于用友公司IPO一次性筹集到5年的“干粮”，“剩下”的资金被投入到了国债及委托理财，这也是大陆上市公司的“惯例”。上市后不久，用友发出了购买1亿元国债及将2亿元交付兴业证券委托理财的公告。2004年年报显示，投资国债的1个亿已经按成本价卖给了第一大股东北京用友，上市公司由此损失934万元！而投资于基金及委托贷款的资金余额达1.3亿元，且只提了100多万元的减值准备。总之，用友公司募集资金的使用多少有点差强人意的循规蹈矩。尽管不尽完美，但比那些把上市公司当提款机、肆意侵占中小股东利益的"大股东"行为强得多。此外，用友公司利用历年利润出资控股参股41家公司，形成遍布全国的营销和服务网络。但2004年，这些分公司、子公司共给用友公司带来了约2 000万元的亏损。但不能忽视的是，在强大资金支持下，用友公司研发投入及规模扩张在中国软件业无人能及，其长远影响有待观察。

金蝶公司上市募集到的资金，大部分被投入到软件研发市场及销售网络建设上，只有小部分用于投资收购。2001年年底，金蝶公司出资500万元获新亚赛邦25%的股权，将业务延伸至企业电子商务平台。2002年7月，金蝶公司以现金500万元合资成立金建互联科技有限公司，占50%的股权。但这两项收购为金蝶公司后来的友商网业务奠定了基础。上市后较大的并购只有开思一案。2001年12月，金蝶公司向香港TCL实业控股收购北京开思90%股权，代价为1 350万元，支付方式为现金和股票对半。2002年4月，金蝶公司又以150万元现金收购了开思剩余的10%股权。开思的市场份额很小，但金蝶公司认可它的价值。2003年5月，金蝶EAS正是以开思的核心技术为基础开发成功的。这一次并购，让徐少春初次尝到海外上市的便利：可以通过股权置换等多种方式灵活地完成并购。

可以看出，用友公司和金蝶公司IPO所募集到资金绝对值差别很大，但每笔钱都清清楚楚用在了研发和业务拓展上。即使在香港的上市公司里，这也算不错的。王文京和徐少春都算得上是尽职尽责。双方最大的差别是，用友公司在长达4年的时间内几乎一笔不差地按招股说明的承诺使用了募集到的资金，而金蝶公司上市后对招股书披露的资金使用方案进行了诸多小修改。

2.3 上市后公司发展

公司上市后，对企业来说可支配的资金多了，获得迅速发展的机会也随之增加了。但股市上拿的钱是要回报股东的。用友公司IPO募集了10倍于金蝶公司的资金，它所肩负的回报投资者的责任也应该是10倍于金蝶公司。在中国，软件业绝对谈不上资金密集型行业，用友公司在资本市场筹集的资金，对于一家中国的软件企业可算得上天文数字了。因此，上市后公司的业绩成了所有股东关注的对象。

2.3.1 上市后两企业业绩对比

根据中国电子信息产业发展研究院发布的2004年度中国管理软件市场研

究报告，用友公司在中国 ERP 软件领域市场占有率为 21.9%；管理软件市场总占有率为 18.4%；财务软件市场的占有率为 27.4%。用友公司在中国 ERP、管理、财务软件三个领域的市场占有率均居第一位，其龙头地位依然稳固。但是，在占据起点高资金充足的有利条件下，用友公司并没有与老对手拉开太大距离，特别是在中小企业 ERP 市场的占有率上，反而还被金蝶领先了两个百分点。

2001—2004 年，用友公司营业额领先金蝶 60%以上，但也没有进一步扩大的迹象。2006 年年初，两家公司先后披露了 2005 年业绩，用友公司销售收入首次突破 10 亿元，是金蝶公司的 189%。两家企业的业绩差距似乎正在进一步拉大。

用友公司、金蝶公司净利润差距稳定在 30 个百分点上下，说明金蝶公司的净利润率实际上更高。事实上，伴随近年来营业额增长，用友公司的利润率却大幅下降，从 2001 年的 20%以上跌到 2004 年的不足 10%。2005 年上半年报显示各主营业务毛利润率仍在不同程度地下降。两家公司作为高科技软件公司享有较多的政策补贴。用友公司 2004 年主营业务利润 5 202 万元，各种补贴(退税)收入达 5 694 万元。同期，金蝶公司主营业务利润 6 139 万元，各种补贴收入为 5 612 万元。可见两家企业对补贴的依赖程度都相当高，用友公司的补贴收入甚至在数量上超过了主营利润。

2010 年，用友公司总资产达 47 亿元，营业收入达 29 亿元，利润总额 3.4 亿元，总股本 6.28 亿股，每股收益 0.41 元，净资产收益率为 14.89%。2010 年，金蝶公司营业额达 14 亿元，盈利 3 亿元，每股盈利 0.131 2 元，股本回报率达 17.7%。

上市 10 年后，上市初期机遇性的影响已被时间过滤掉，对企业考验最多的还是企业的经营能力和资本运作能力，10 年当中，用友公司与金蝶公司的营业额比一直相对较稳，但两家公司的利润率之比却经历了明显的大起大落。2006 年出现的拐点是因为用友公司的净利润只有 1.7 个亿，而金蝶公司当年的净利润达 4.9 个亿，达到了历史上比值最低的一年，2009 年的拐点是由于金蝶公司的净利润剧降(由 2008 年的 6.9 亿元降为 2009 年的 2.1 亿元)，而此时用友公司的利润在稳步上升(由 2008 年 4.07 亿元上升到 2009 年的 6.13 亿元)。

2.3.2 上市后两企业股权变化

两家公司除了规模上的差距，其股权结构也有本质的不同。用友公司上市之初的股权结构为：北京用友(王文京持有 73.6%)41.25%、北京用友研究所(王文京持有 73.6%)11.25%、上海用友咨询(王文京持有 90%)11.25%、上海益倍咨询(王文京持有 42.8%)7.5%、上海优富信息(王文京持有 86%)3.75%,其余为流通股股东。王文京个人间接持有上市公司 55.2%的股份,并为五大股东的实际控制人。2003—2006 年的股权结构为:北京用友 37.5%、北京用友研究所 7.5%、上海用友咨询 18.75%、上海益倍咨询 7.5%、上海优富信息 3.75%,其余为流通股股东。王文京个人间接持有上市公司的股份仍达 55.32%,并且继续作为前三大股东的实际控制人。第四、第五大股东的控制人换了其他人的名字,但与前三大股东仍有千丝万缕的联系。

而金蝶公司,自企业创立时起,徐少春率 10 多名员工成功研发出以 DOS 为平台的财务软件。同年,徐少春将上述软件的生产销售业务,注入合资公司深圳远见,并通过爱普持有远见 35%的股权,合资方为蛇口社保及美籍华人赵西燕。1998 年,清理社保投资时,深圳社保退出,IDG 透过附属公司投入 1 000 万元获得金蝶 12.5%股权。1999 年 IDG 再次投入 1 000 万元,其在金蝶公司的股权升至 25%。在 IDG 风险投资的资金支持下,金蝶公司开始将其销售及技术服务网络向全国扩展,并推出了自主研发的 K/3 财务软件及 ERP 软件。2000 年 4 月,金蝶公司完成了以红筹方式在香港上市所需的股权重组,成为外商独资企业。2001 年上市后,徐少春及其岳父章文兴共持有上市公司 32.44%股份,金蝶公司 154 名员工持有 9.04%。上市后的金蝶国际软件集团的股权架构是开放式的。国际数据集团属下的 IDGVC 是集团最大股东,占 20%比例的股份。徐少春持有 19.11%的股权,另外两位公司创办人章文兴和赵西燕则分别持有 13.33%和 18.52%的股权,管理层和员工拥有 9.04%的股份,余下的 20%由公众持有。另外,根据香港联合交易所创业板上市规则,并经香港证监会豁免,可在上市日起 10 年内享有高达总发行股本 30%的股票期权额度。

徐少春选择在香港上市的一个重要原因,就是可采取灵活多样的方式,用股权对员工进行激励,让员工分享剩余索取权(上市公司获准发出上限为总股本 30%的"权证")。目前,金蝶公司上市前计划授出的 130 万份购股权中,尚有 82.5 万份没有行使;2001 年计划授出的 172 万份中,还有 66.25 万份没有行使;2002 年计划授出的 4 846.25 万份中,尚有 3 115 万份没有行使。3 000 多万份待行使的购股权行权价分布在 1.39~3.18 港元。2002 年 2 月,章文兴将所有股份卖给女婿徐少春。IDG 则于 2002 年和 2003 年通过配售代理商出售了共计 6 500 万股,套现超过 1.2 亿元(6 倍于当年的投资)。而赵西燕则分两次将其持有的绝大部分股份卖给其兄赵勇。

从以上分析可以发现,用友公司的内部员工没有任何股份,王文京一股独大,具有绝对话语权。金蝶公司则是创始人与员工共同持股,并受中小股东制约的均衡结构。除了两位创始人的个性原因，造成这种差异的客观原因，主要是两家公司对外部资本的倚重程度不同。除股权结构外，这种差异还体现在两位创始人的个人收益上。

用友公司经过连续几年的高分红，在解决股权分置后王文京间接持有的股票市值将在10亿～20亿元。徐少春持有金蝶公司1.5亿股，市值仅2亿元左右。在个人财富方面，与王文京差距较大。

时至今日，根据用友公司2012年6月30日的中期财务报告，公司前四大股东北京用友科技有限公司持股29.08%，上海用友科技咨询有限公司持股13.39%，上海益倍管理咨询有限公司持股5.17%，北京用友企业管理研究所有限公司持股5.09%。可以看出，虽然说主要股东的持股比例较用友公司上市后略有下降，但依旧牢牢把握着公司的控制权。北京用友科技有限公司，上海用友科技咨询有限公司，北京用友企业管理研究所控制着公司48%的股权。

对于金蝶公司，2011年年报显示，徐少春通过自己和其实际控制的Oriental Gold Limited公司，共实际持有公司30.94%的股份，Billion Ocean Limited持有公司14.16%的股份，Matthews持有5.85%，FMR LLC持有5%，Capital Research and Management Company则持有公司4.96%，而其内部高级管理人员冯国华、陈登坤、何经华等也持有不足1%的公司少部分股份。可以说，徐少春也依然保持着对公司的控股地位。

2.3.3 共同的国际化

软件行业的高科技属性，决定其在技术、产品、人才、市场等方面，有着天然的国际化趋势。据统计，中国管理软件市场营业额每年保持着26%的高速增长，跨国公司纷纷看好中国市场，产业不断向中国转移。SAP、Oracle、微软、IBM等国际大品牌不仅已经占据高端市场，还大有向中小企业用户市场侵袭的野心。不论你愿不愿意，国际化都是中国软件企业的必然选择。王文京说得很透彻："国际化对用友来说不是发展的问题，而是生存的问题。"这方面用友公司、金蝶公司有着高度的共同取向，并表现出作为中国软件业排头兵的气度。它们都不是狭隘地把对方视为竞争对手，而是瞄准国际品牌：向世界最优秀的软件企业学习，与世界最强大的软件企业竞争。

2004年3月，金蝶国际宣布以更换标志为起点，力争实现品牌国际化。同时表示将公司总部移至香港，以香港为桥头堡进军亚太企业软件市场。在换标大会上徐少春表示，金蝶公司计划在2006年成为亚太地区企业应用软件第1名，2010年成为世界企业应用软件10强。金蝶公司采用两种业务模式同步推进：一是拓展以香港为中心的亚太区的产品出口业务；二是拓展以北美为目标市场的外包业务。

2005年4月,用友公司在北京宣布公司英文名正式变更为"UFIDA",以启动国际化市场战略。战略重点是品牌软件的出口和国际软件外包市场。两家企业的国际化道路,甚至包括换标这样的细节,都是惊人的一致。看来,双方真正的决战,将在国际范围内继续进行。

2006年,金蝶公司定下飞向世界的战略。2006年1月18日,金蝶国际软件集团在大连召开了"决战蓝海 共赢天下"FY06金蝶全国合作伙伴大会,金蝶国际将聚焦中小企业市场。2007年,金蝶公司领跑国际化,与YGL集团共同签署协议,成立金蝶东南亚软件集团携手开拓管理软件产品和市场。同年,IBM和雷曼兄弟携手投资金蝶公司,购入金蝶国际约7.7%的股份。IBM与金蝶公司结成全球战略合作伙伴关系,帮助双方的客户提升在中国及全球市场中的竞争力,使金蝶公司一举跃进全球化软件公司的行列。2010年3月8日,金蝶国际软件集团在新加坡宣布成立首个海外研发中心,金蝶公司在国际枢纽港设立海外研发中心,有助于金蝶公司与国际巨头直接抗衡,争夺亚太ERP市场第一的宝座。2011年,金蝶KIS国际企业管理软件接轨亚太及全球地区市场,同年,金蝶台湾公司隆重开幕,亚太服务网络初具规模。2012年,金蝶集团与东亚中国签署战略合作协议,双方宣布将通过信息科技与金融服务的结合,帮助国内企业全面提升资金管理水平,加速企业商业模式转型升级。

用友公司的国际化战略在2005年就取得初步成效,其表现在用友公司跃居亚太本土最大管理软件供应商。2007年3月,用友软件园开园,这是亚太地区最大的软件园,也是用友公司实现世界级软件企业的基地。用友公司已经成为中国客户值得信赖的长期合作伙伴,用友软件园使得用友公司成为世界客户值得信赖的长期合作伙伴的摇篮。2008年4月,全球第一款完全基于SOA架构的企业管理软件U9在北京发布上市,这是一款世界级的管理软件,它以"全球商务、实时企业"为理念,全面支持多地点、多组织、多工厂、多语言、多税制的国际化经营,目标是帮助中国更多的企业实现世界级的梦想。2010年12月,用友公司正式对外公布了云计算战略目标,在2015年成为亚洲最大、全球领先的企业云服务提供商。事实上,用友公司在2010年5月已与IBM合作共同建立了云计算实验室,希望通过云计算变革商业模式,加快从软件向服务转型。用友公司的国际化之路也呈现出越走越好的态势。

我们可以发现,在香港上市的金蝶公司较用友公司在国际化方面有许多优势。首先,中国企业快速强化公司核心竞争力、提高国际化的重要手段是并购,联想、TCL已经作出榜样。而国际并购常常涉及换股、定向增发等金融技术。

特别是换股，它不仅能减轻并购一方的资金压力，还可以将兼并双方的利益有机地捆绑在一起。作为A股上市公司的用友，远远没有海外上市的金蝶公司便利。其次，引进高层次国际化人才，是提升企业经营管理水平的必要条件。而国际顶尖人才要的不仅仅是年薪，期权、期股激励必不可少。用友公司曾经以500万年薪聘用何经华，如果能许以等值认购权，岂不是惠而不费？灵活的股权激励是境外上市的金蝶公司的强项。转入香港主板的金蝶公司，还享有持续融资以及利用海外资本市场树立形象的便利。

但今天不论是用友公司还是金蝶公司都向股东提交了一份不错的答卷。如今在日本、泰国、新加坡等亚洲国家，用友公司都建立了分公司或代表处；在法国，用友公司与源讯合资成立云安公司，为欧洲、中东和非洲(EMEA)的企业用户提供从ERP管理软件、财务系统到IT咨询的一站式创新型产品、服务和云应用。用友公司的发展目标是成为世界级管理软件与云服务提供商。金蝶集团客户遍及亚太地区，包括中国大陆、中国香港、中国台湾、新加坡、马来西亚、印度尼西亚、泰国等国家和地区，总客户数量超过100万家。未来10年，金蝶公司致力于打造百亿级管理智库，与中国企业一起推动中国管理模式在全球崛起，成为亚洲第一、全球领先的管理与IT整合服务品牌。

两家企业资本竞技，到底谁是赢家？

3 研究结论与启示

通过前面的案例分析，我们可以从三个方面进行总结，并试探性讨论案例给我们带来的启示。

3.1 内地上市与海外融资之思考

两家原本在市场上表现相差不多的企业——金蝶公司与其老对手用友公司，由于选择的上市地不同，其融资结果就产生了如此大的差距，在香港创业板上市的金蝶公司的融资额仅达到在境内主板上市的用友公司的融资额的1/10。那么究竟是海外上市好还是境内上市融资效率更高？

在思考这个问题的同时，我们不能忽略的一个事实是：融资额的大小并不能说明上市地点优劣，关键的是上市是否与公司战略一致，是否能满足公司经营管理的需要。本案例中，金蝶公司在选择上市地点时，更加强调了公司国际化的战略发展目标(2005年跻身世界管理软件十强)，引进人才和留住人才的重要性(股票期权制度)以及规范的市场约束。在软件行业流行的一个公式是：资本＋人才＝企业壮大。资本和人才是软件企业两个关键环节，没有人才不可能使资本增值，但是企业能够吸引到优秀人才从根本上来说也需要资金做后盾。

金蝶公司总裁徐少春认为未来公司最大的挑战是人才和企业管理,"而这也是8年来金蝶成功的秘密"。金蝶公司上市香港创业板,的确是深思熟虑的结果。用友公司选择境内主板上市则是由于公司的主要业务和客户在境内,在境内上市对公司的业务发展有利,更加重视了市场的重要性。

3.2 上市是目的还是手段?

对于金蝶公司来说,上市的目的不只是融资,最主要的是国际化战略和人才战略。上市对于金蝶公司的改变,用"脱胎换骨"来描述一点也不为过。金蝶公司在管理上具体的变化包括内部管理的全面转型、全新的人力资源管理和人才引进机制的建立、企业文化的重塑以及业务方面的进一步明确和具体业务实施方法上的调整等。徐少春举例说,现在金蝶公司每个季度都必须向股民公布一个财务报告,规范的财务报告既要真实地说明上一个季度的经营状况,又要交代下一个季度的预期,并且受到证交所、律师、股民、媒体的严格约束。这就逼着企业调整管理体制,落实每一项业务指标,员工队伍每一步、每一个环节都必须规范运作。它使公司的运作体系从观念、战略到具体操作方式都在全面转型,这种转型的方向就是国际化的模式。

在业务方面的重要变化,就是在与国际知名企业合作方面金蝶公司迈出了坚实的步子。同时,金蝶公司的人才战略也步入正轨。2001年9月,金蝶国际授予33名员工172万股期权,这是金蝶国际董事会在上市后首次授予期权。2002年4月,发放上市以来第二次期权,向集团高级管理人员和技术骨干授予了总额为562万股的股票期权。

对于用友公司,上市同样具有非常重要的作用。不仅给公司的后续发展募集到丰厚的发展资金,上市的宣传效应与公司的影响力也得到了极大的提升。同时,规范的财务披露制度及人资管理制度及公司治理结构都得到了有效的提升和监督,上市成了公司经营管理的一项重要手段。

上市有多种选择,如上市的场所有国内、境外(香港、美国、加拿大)等;上市的方式有直接上市、借壳上市。不同的方式和地点选择在上市过程中有不同的难点、成本和收益。企业可根据自己的成长时期、市场地位、财力状况,衡量各种上市地点和方式的成本和收益,选择适合自己的上市之路。"上市只是手段,不是目的",产品、企业经营管理、资本的相互依存、互为动力才是软件企业持久发展的真正推动力。

3.3 资本竞技 各有所得

用友公司和金蝶公司都是在20世纪90年代末筹划并开始操作上市的。但是,用友公司选择了A股,金蝶公司选择了香港创业板,如今回顾两位掌门人的理由仍觉意味深长。

王文京的理由是：第一，用友公司的客户市场主要在国内，境内上市对业务的支持会更好，市场影响会更好；第二，从全球角度来看，有影响力的国际大公司一般都选择在自己的资本市场上市，这对公司的长远发展会更有利。王文京没有放在台面上说的还有当年A股市场的火爆和极高的市盈率。

徐少春的理由是：香港是国际成熟的资本市场，有一套完善的监管体系。金蝶公司在香港上市符合国际化的发展目标。同时，金蝶公司海外上市后，可持续融资的手段有利于公司可持续发展，帮助公司利用资本市场快速扩张；有利于即时融资、收购和兼并等一系列资本市场运作；有利于公司全面提高管理水平；有利于吸引人才。

用友公司上市是以融资为主，由于题材独特、时机绝佳而成功地圈了一大笔钱。金蝶公司要的是机制、业务和资本的国际化。如今，金蝶公司在国际化方面已经领先半步，并成功转入香港主板这个更被国际资本认可的平台。

结束语

中国软件企业最大的问题恐怕不是资金问题，而是经营问题，包括战略定位、内部管理甚至产权体制问题等。最显著的一点就是，与印度相比，我国在软件开发上的资金投入和技术实力高于印度，但是差距却相当大，看来这里面不能只用一句“缺钱”就能说得过去的。中国软件产品与国外产品相比较，技术上的差距还在其次，而关键是产品化和标准化的区别。金蝶公司在引入IDG风险投资后，就开始了历史性的变革、国内软件企业如何在上市前打造自我，是一个比上市更加重要的任务（软件产品按其作用，可分为程序、软件、应用、方案、价值、竞争力六个阶段，越优秀的软件产品处于越高层次）。

金蝶公司的成功轨迹有一条清晰主线：技术型创业企业通过引入高能风险投资（资金）—打造产权结构与治理机制的全新平台（制度）—借重并强化企业家的领袖才能（人才）—形成独特的创业环境与文化氛围（环境）—专注于高屋建瓴、富于前瞻性的技术创新（技术）—尽可能多地创造股东价值（通道）。

用友公司成长也有一条清晰脉络：技术型创业企业通过资产重组（资金）—成立金蝶软件国际集团公司（制度）—借重并强化企业家的领袖才能（人才）—形成独特的创业环境与文化氛围（环境）—专注于战略及前瞻性的技术创新（技术）—尽可能多地创造股东价值（通道）。

总之，技术型企业上市无论通过资产重组还是通过与风险投资的联姻，为股东创造价值是企业发展的最终解释通道。企业与风险投资联姻的成功结合大多具有相似的内在涵义，这就是风险投资在一个既高度开放又相对独立的系统内，以独特的机制运行的有机过程。但无论如何运营，企业成长、可持续成长是硬道理。

案例使用说明

一、教学目的与用途

本案例的教学目的：通过对用友和金蝶两家软件公司利用上市手段进行资本运作的情况对比，为我国中小高新技术企业如何依据自身情况选择上市地点、走出融资困境提供一些借鉴。通过对用友公司、金蝶公司上市后对募集资本使用的不同特点进行分析和归纳状况的分析，掌握资本结构理论、企业融资理论等。

二、启发思考题

1. 用友公司、金蝶公司上市前后资本竞技谁是赢家？

2. 募集资金的巨大差异是来自不同的市场制度，还是来自各自的机遇不同？

3. 募资差异能否将两家上市前业绩相当的公司彻底拉开层次？

4. 用友公司的股权集中与金蝶公司的股权分散，哪一种股权结构对公司发展更有利？

5. 如何看待用友公司、金蝶公司的成长状况及发展前景？

三、分析思路

教师可以根据自己的教学目标（目的）来灵活使用本案例。这里提出本案例的分析思路，仅供参考。

1. 从用友公司、金蝶两家软件公司的技术水平及行业发展前景分析高科技企业未来的成长性。

2. 根据两家公司的行业地位及资产特点分析采用上市进行资本融资的合理性。

3. 以资本结构优化理论为基础，结合企业状况特征，提出适用本企业的融资方式，并探寻高科技企业发展规律，提出有效的融资策略。

4. 结合用友公司与金蝶公司上市后募集资金的使用状况及效果，结合高科技企业的发展，提出合理的资产管理模式或建议。

案例十五

徐老师的困惑

——个人所得税如何征收

案例正文

0 引言

2011年2月，徐老师接到了学校财务处的群发邮件通知。该通知的主要内容如下：根据《中华人民共和国个人所得税法》及其实施条例，2010年度年所得12万元以上的纳税义务人，请于2011年3月31日前到主管税务机关办理纳税申报。下面还附有学校财务处和当地税务主管部门的咨询电话。徐老师不免有些困惑，自己是否把该缴纳的个人所得税都缴了？没有把不该缴纳的税也缴了吧？究竟该不该进行纳税申报？

1 徐老师其人

徐老师生在中国西北的一个小城市，从小学到高中毕业一直是班里的佼佼者，后来考入了这座海滨城市的大学。当初之所以放弃北大、清华这样的一流院校，并不是徐老师成绩的原因，而是因为这里有自己的亲叔叔，叔叔婶婶没有孩子。徐老师还有两个双胞胎弟弟，所以，他就被父亲指派到叔叔家这儿读书，以便日后为叔叔养老送终。

叔叔婶婶教了一辈子书，桃李满天下，在当地很有名气。徐老师在叔叔婶婶的影响下，更加好学上进，大学毕业后被保送读研究生，并获得了硕博连读的机会。就在徐老师读博士期间，婶婶突发心脏病，倒在了讲台上，不治而亡。从此，叔叔变得抑郁寡欢，徐老师只好从学校搬到了叔叔家，边照顾叔叔的饮食起居，边准备博士论文。2009年12月17日，是徐老师顺利博士毕业并留校任教的第一天。

2 年度流水账

徐老师翻开自己的日记，那里记录着工作、心情、生活，也记录着一些账单。

2010年1月15日，终于发工资了，拿到手的月工资6 000元，大致分配了一下，给老家的爸爸妈妈寄去2 000元(在工作的头5年暂定这个标准，即每月2 000元)，给叔叔买了一件羊绒背心800元，剩下的3 200元用于自己和叔叔本月的生活费。

2月15日，工资照旧发到了卡中，还是6 000元，接下来的几个月，直到年底，没有太大的不同，只是9月的工资稍微少了10多元。

3月开始的春季学期就要上课了，为了锻炼一下自己，以便在课堂上更加游刃有余，徐老师经朋友介绍在2月的寒假去外地一家培训机构上课。该单位约定讲课报酬为3万元，但最后徐老师只拿到了2.48万元现金。该培训机构当时解释那0.52万元就是个人所得税。徐老师并没有计较太多，此行2.48万元的收入减去徐老师自理的路费、住宿费和餐饮费共1万元，最后所得1.48万元，徐老师还是满意的，关键是自己得到了讲课锻炼的机会，能力有所提升。

3月，平淡无奇，平静的日子在繁忙的教书中度过。

4月，有该市的学术著作出版基金申请，徐老师在导师的建议下，决定申请出版自己的博士论文，最终得到了1万元的资助，可是出书的费用还不够，自己只好又拿出了1万元现金寄给了出版社。接下来的日子，就像母亲等待娘胎中的孩子一样，焦急而热切。最终，书稿经过几次校对于7月面世。

5月，徐老师大学同学的策划公司承揽了一个设计项目，需要徐老师帮助完成其中的一块，徐老师不好推托，熬了几个通宵终于使项目如期完成。徐老师的同学按照项目的工作量付给了徐老师相应的报酬，共计16 800元的现金。

6月，徐老师申请的一个省部级纵向课题中标，得到了5万元的资金资助，课题经费直接进了徐老师学校的财务账户。

利用7、8月份的假期，徐老师与叔叔走出国门，在新加坡住了28天。这次出行，源于叔叔的一个国际调查研究项目，该项目支付给叔叔20万元，其中包括预支的差旅费13万元，待项目结束后结算。该项目需要形成调查报告一份。徐老师协助叔叔完成了调查报告的大部分编写工作，叔叔于是送给徐老师一部新的价值2万元的笔记本电脑。

9月，教师节来临之际，中秋节也紧随其后，所以，学校为每位教职工发了一盒月饼，听说价值在100元左右。尽管东西不多，徐老师还是感到无与伦比的温暖。

10月,叔叔病了几次,在往返医院中度过了这个月。月末,叔叔坚持出院,医生叮嘱徐老师关注叔叔的精神状态,因为他已经表现出抑郁症的倾向,精神状态时好时坏。为此,徐老师专门雇佣了一个保姆照顾叔叔,每天早8点到晚5点,需要每个月为其支付1 800元的工资。

11月,徐老师的论文被某期刊录用发表,收到了260元的稿费。

12月20日,这一页翻着让人痛苦,这是徐老师的叔叔离开的日子,也是2年前婶婶离开的日子。徐老师上完晚课回家已经快21点了,可是家里的灯没有像以往一样亮着,没上楼之前徐老师还以为叔叔先睡了,谁知道,叔叔根本就不在家。徐老师找遍了小区以及叔叔经常散步的地方,都没有,最后只好报警。警察第二天打来电话,证实叔叔在散步的湖边失足落水抑或自杀身亡。

接下来的日子,徐老师忙着处理叔叔的后事。整理完叔叔的遗物,能够继承的遗产包括:他们现在共同居住的、叔叔拥有产权的房产一套,存款26万元。同时,徐老师还发现很多的邮局汇款单,那是17年来叔叔和婶婶对20个大别山孩子每个月的助学金。刚开始的3年每个月寄出500元,后来直到现在每个月是1 000元。徐老师立刻决定继续叔叔和婶婶对那些苦孩子的爱,每个月末助学金都将准时寄出,26万元的存款可以用上20多年。这所作为遗产继承的房子在房价飞涨的今天,市值接近100万元。

年末岁尾,单位组织活动,组织者别出心裁地为每个参与者准备了一张福利彩票。次日,即开奖当日,让徐老师没有想到的是他居然中了1 000元的大奖,这可是他第一次接触彩票。后来和朋友们分享幸运,请客吃饭居然花掉了1 600元,这张彩票的净收入变成了负的600元。

这么一看,徐老师的收入并不像当初想象的那样,只有12个月每月6 000元的工资,还有很多其他所得。这是一件让人兴奋的事儿,但是目前的麻烦事是:到底该不该进行纳税申报?

3 徐老师的答案

徐老师把上面的数据集合到一起,计算着。

2010年总收入包括:12个月的工资共计72 000元,20 000元的讲课费,1万元的出版经费,从同学那里得到的16 800元项目劳务收入,5万元的课题费,260元的稿费以及1 000元的奖金,只算工资和课题费就已经有12万元了,看来是应该进行纳税申报了。但是,1万元的出版经费和5万元的课题费,并不直接构成个人收入,似乎应该不算数,那么剩下的项目合计为11.26万元,那就是说不用为申报而麻烦了。

可是徐老师对自己的答案并不确信,犹豫再三,还是拨通了学校财务处的咨询电话……

案例使用说明

一、教学目的与用途

本案例的教学目的是学会个人所得税计量、申报、筹划。

二、启发思考题

1. 徐老师满足个人所得税纳税义务人的规定吗?

2. 徐老师的收入中,哪些属于应税收入?

3. 在徐老师获得的各种单项收入中,能否进行筹划以便减轻税收负担?

4. 徐老师的各项收入有没有漏缴税的项目?

5. 2010 年,徐老师的年所得到底是多少元? 是否需要进行纳税申报。

6. 2011 年,《中华人民共和国个人所得税法》修订,与之前相比,有哪些主要的不同?

三、分析思路

教师可以根据自己的教学目标来灵活使用本案例。这里提出本案例的分析思路,仅供参考。

1. 居民纳税人身份的确定

在境内有住所或者无住所而在中国境内居住满 1 年的个人,属于居民纳税人,从中国境内和境外取得的所得,有无限纳税义务。

虽然徐老师临时离境28 天,但不能改变习惯性居住这个判定纳税义务人是居民或非居民的一个法律意义上的标准。因此,徐老师属于居民纳税人。

2. 个人所得税的相关规定

2011 年纳税申报适用的《中华人民共和国个人所得税法》《中华人民共和国个人所得税法实施条例》为 2007 年 12 月 29 日修订,2008 年 3 月 1 日起实行的。但是 2012 年进行纳税申报时,2011 年 9 月以后的收入要适用于 2011 年 6 月 30 日全国人民代表大会修订的《中华人民共和国个人所得税法》以及国务院令(第 600 号)公布《中华人民共和国个人所得税法实施条例》。

3. 工资收入的税收分析

工资、薪金所得的个人所得税,由工资发放单位代收代缴,如果从两处以上获得工资、薪金,要自行进行纳税申报。

属于徐老师工资、薪金的是每个月 6 000 元的税后所得,该所得的个人所得税，已由学校在工资总额的基础上扣除必要费用 2 000 元、医疗保险、住房公积金等，按照适用的税率代收代缴。其他的生活开支和费用不能在税前扣除，比如给父母亲的赡养费、保姆的劳务报酬。

另外，值得注意的是，还要缴纳“月饼税”。《中华人民共和国个人所得税法实施条例》规定“个人所得的范围包括：工资、薪金所得，是指个人因任职或者受雇而取得的工资、薪金、奖金、年终加薪、劳动分红、津贴、补贴以及与任职或者受雇有关的其他所得”“个人所得的形式，包括现金、实物、有价证券和其他形式的经济利益”。月饼算是受雇取得的实物，所以要由单位代扣代缴个人所得税。这也解释了徐老师的 9 月份工作比其他月份工资少的原因。

这里存在税收筹划的空间，如果是学校食堂做的月饼，就不需征税，因为这笔月饼开销可以算在“职工食堂经费补助”里。按照国家税务总局《关于企业工资薪金及职工福利费扣除问题的通知》(国税函[2009]年 3 号文)，职工食堂经费补助这项福利，不算“人人有份”，不征收个税。同样，如果企业让食堂去购买月饼，也可以同样的依据不缴纳个税。

以上的工资、薪金所得收入均属于 12 万元纳税申报范围之内。

4. 劳务报酬的税收分析

(1) 徐老师在 2 月份从事个人讲学应得的 3 万元属于劳务报酬，期间发生的 1 万元路费、住宿费和餐饮费用不得在税前扣除，该培训机构需要为徐老师代扣代缴个人所得税 5 200 元。

$$
\begin{aligned}
\text{劳务报酬应纳税额(超过 4 000 元)} &= \text{劳务报酬} \times (1-20\%) \times \text{税率} - \text{速算扣除数} \\
&= 30\,000 \times (1-20\%) \times 30\% - 2\,000 \\
&= 5\,200(\text{元})
\end{aligned}
$$

此处存在纳税筹划的空间。徐老师和该机构可以约定报酬为 2 万元，并支付相应的讲学引起的路费、住宿费和餐饮费用，这样，为徐老师代扣代缴个人所得税只有 3 200 元，也并不增加该机构的开支。

$$
\begin{aligned}
\text{劳务报酬应纳税额(超过 4 000 元)} &= \text{劳务报酬} \times (1-20\%) \times \text{税率} - \text{速算扣除数} \\
&= 20\,000 \times (1-20\%) \times 20\% \\
&= 3\,200(\text{元})
\end{aligned}
$$

这样，徐老师可以节省 2 000 元的个人所得税。

(2) 徐老师 5 月从事项目合作设计得到 1.68 万元的税后收入，依据上式可知徐老师按照项目的工作量的相应税前报酬是 2 万元，策划公司需要为徐老师代扣代缴个人所得税 3 200 元。

(3) 徐老师11月收到的260元稿费，按照劳务报酬缴纳个人所得税，并按应纳税额减征30%。适用于下式：

劳务报酬应纳税额(不超过4 000元)=(劳务报酬-800)×20%×70%，

劳务报酬小于800元，所以此处不需要交个人所得税。

上述所有的劳务报酬均属于12万纳税申报范围之内。另外，保姆的劳务报酬，需要保姆个人缴纳所得税。

5. 其他所得的税收分析

(1) 赠与：在《中华人民共和国个人所得税税法》《中华人民共和国个人所得税法实施条例》等相关规章中，除根据《财政部、国家税务总局关于个人无偿受赠房屋有关个人所得税问题的通知》(财税[2009]78号)规定，在非法定条件下个人无偿受赠房屋应当按20%计征个税以外，均没有受赠或继承其他财产所得应当交所得税的规定。因此，可以说对受赠实物征收个税目前仍然是个人所得税征管"真空"，根据行政机关"法无明文规定即无权"的法律原则，自然人受赠亲属赠与的除房产以外实物时不缴纳个人所得税。

因此，叔叔送给徐老师价值2万元的笔记本电脑不需要缴纳个人所得税。但属于12万纳税申报范围之内。

(2) 遗产：根据《财政部、国家税务总局关于个人无偿受赠房屋有关个人所得税问题的通知》(财税[2009]78号)的规定，以下情形的房屋产权无偿赠与，对当事双方不征收个人所得税：①房屋产权所有人将房屋产权无偿赠与配偶、父母、子女、祖父母、外祖父母、孙子女、外孙子女、兄弟姐妹；②房屋产权所有人将房屋产权无偿赠与对其承担直接抚养或者赡养义务的抚养人或者赡养人；③房屋产权所有人死亡，依法取得房屋产权的法定继承人、遗嘱继承人或者受遗赠人。

徐老师继承叔叔的房产符合上述规定，因此，不需要缴纳个人所得税。但所继承的遗产在申报范围之内。

(3) 中奖：个人得奖、中奖、中彩以及其他偶然性质的所得，应依法纳税。偶然所得以收入金额为应纳税所得额，纳税率以20%计算。个人购买福利、体育彩票(奖券)一次中奖收入不超过1万元(含1万元)的暂免征收个人所得税；一次中奖收入超过1万元的，应按税法规定全额征税。徐老师的中奖额度小于1万元，因此暂免征收个人所得税，但属于12万纳税申报范围之内。

另外，书籍出版以及科研项目的资助不属于徐老师的个人收入，因此，不需要缴纳个人所得税；对于保姆雇佣，属于徐老师的个人生活成本，不能作为收入的扣除项。

战略管理篇

案例十六

《中国好声音》

——耳尖上的中国

案例正文

0 引言

“一种意想不到的快乐,好像是一场梦境命中注定,你存在,我深深的脑海里,我的梦里,我的心里,我的歌声里,你存在,我深深的脑海里”,随着电视屏幕上参赛选手李代沫深情地演唱,灿星制作公司总裁田明握紧了双手,时间定格在 2012 年 7 月 13 日——灿星制作团队制作的大型励志音乐评论节目《中国好声音》首期正式登陆浙江卫视中国蓝的日子,时刻注意着现场与网络反响的田明心情十分复杂,伴着出场选手的歌声,田明陷入了沉思……

1 出谷黄莺:好声音初现

《中国好声音》是席卷海外的荷兰音乐节目《The Voice of Holland》的中国版,它由星空传媒旗下的灿星制作公司(简称灿星)以 350 万三季的价格从注册在英国的版权代理公司 IPCN 手中购买中国版权后制作而成。灿星在购得节目的版权后,对于其中国版的制作产生了困惑:是按部就班的照原版来运作,还是进行本土创新。经过一番内心挣扎,田明决定要在原版的基础上进行适当改造和创新,但节目的精华部分必须保持不变。

寻找合作伙伴 灿星秉承海外节目的模式,由 4 位明星导师坐镇,而评判学生的标准只有一个,那就是声音。导师一旦选定了自己的学生,就将全程培训门下弟子的音乐才艺,力争在这些学员中,培养出华语乐坛新一代的接班人。田明认为,海外好声音的精华在于其拒绝“炒作”,拒绝“毒舌”的选择标准,在节目里,导师将对所有学员给予真诚的意见和指导,而不是国内以往的选秀节目中导师的讽刺和谩骂。因此《中国好声音》将与国际接轨，为华语乐坛培养出一批坚持音乐梦想、富有音乐才华的人。灿星在寻找导师的过程中坚持音乐人的知名度和效应的大小，最终选定了4位明星导师：刘欢、那英、庾澄庆和杨坤。在田明看来，这4位算是中国音乐类节目中堪称最为专业的明星导师阵容，他们必将致力于搜寻震撼世界的中国之声。当灿星制作公司完成了高素质节目制作的同时，问题也随之而来，在什么平台播出该节目呢？挑选播出平台是个难题，首先版权方对收视平台有一定的要求，其次该节目的制作与推广费用太过昂贵：该节目对外播出打包售价达8 000万元，这两点使得不少卫视难以承受。田明曾经与国内多家一线卫视接洽过，尤其是东方卫视。灿星制作公司与东方卫视的关系很深，东方卫视的《中国达人秀》《舞林大会》等比较有名的节目很多都是由灿星制作团队负责制作的，因此田明这次联系东方卫视觉得成功的可能性比较大，可是令他意外的是东方卫视拒绝了与灿星制作公司的这次合作，田明无奈之下又接触了几家一线卫视，但都遭到了拒绝，直到最后花落浙江卫视。到今天，说起这次大胆的决定，浙江卫视掌门人夏陈安坦陈当初台里对是否“接纳”这个高昂的节目存在着很大分歧，但是他还是以自己敏锐的眼光和极大的魄力将其纳入旗下，夏陈安对外表示“浙江卫视是‘第一梦想频道’，《中国好声音》与《中国梦想秀》在精神上是血脉相连的，它秉持‘以精英实力打造大众文化’的宗旨，不断发挥正面能量，激励和鼓舞人们不断向前奋斗，相信梦想，也相信奇迹。”2012年5月底，浙江卫视广告部副总监王俊的一个电话让田明又一次陷入焦躁不安中，王俊透露在不到两个月就要播出的《中国好声音》节目冠名广告商难以落实，由于节目的制作成本很高，如果没有冠名的话，灿星制作公司和浙江卫视的压力都会非常大。田明这边的情况也不容乐观，合作多次的某国际日用化工企业由于经济不景气等种种原因突然放弃了冠名权，这样一来，田明和浙江卫视都没能寻找到冠名商。面对6 000万的冠名费，很多企业都望而却步。就在田明一筹莫展之时，加多宝与王老吉的“战争”给他提供了一个机会，田明与王俊商量为加多宝量身定做了“正宗好凉茶，正宗好声音”的广告语，加多宝方面对此表现出非常大的兴趣，三方一拍即合，困扰田明和王俊许久的问题也迎刃而解了。加多宝的加入使《中国好声音》广告赞助商的主力集中在了饮料行业，加多宝、娃哈哈、郎酒、养生堂和蒙牛等的赞助占总赞助费的40%，高出位居第二的化妆品行业20%多。

制作首季好声音　在制作《中国好声音》之前，田明将好声音定位为中国首档大型励志类音乐评论节目，并对整个制作团队提出要求：《中国好声音》要在质量上做到最好，节目的创新点和本土化等都必须是高水平的。田明将目标定为：收视率同时段第一，并且开启国内音乐选秀节目的一段新的旅程。在《中国好声音》的制作过程中，田明为节目的新意绞尽脑汁，之前《超级女声》的成功例子让田明的压力很大，如果不能体现出《中国好声音》与其他音乐选秀节目的区别，该节目是不可能成功的。就在田明不得章法的时候，他突然想起之前参加过的罗伯特·麦基“故事”讲座，麦基在讲座时曾谈到好莱坞大片的叙事策略，主要由两个重要的方面，即利用鸿沟制造巨大的反差、营造悬念，同时以各种激励时间为辅助，带动观众的情绪进入节目。田明认为节目要获得成功，必须抓住观众的心理，他将麦基叙事策略作为制作《中国好声音》的一个标准，因此，鸿沟和反差情节以及激励事件成为了《中国好声音》的一条主线。

首季《中国好声音》的制作及播出历时近3个半月，灿星将节目分为“导师盲选”“导师抉择”“导师对战”“年度盛典”四大阶段。

第一阶段“导师盲选”。田明认为海外版好声音的转椅方式非常有新意，于是决定在《中国好声音》最初的学员选拔阶段，采取明星导师背对学员，仅凭参赛选手的声音来选择的方式，而不受其他任何因素的干扰。在选择过程中，若有导师在选手演唱时按下选择按钮，则标志着该选手被该位导师纳入旗下。这种方式不仅考察了选手本身的演唱功力，对于导师的决策判断能力也有着一定的考验。

当一位选手被多位导师选择时，选手自己也有反选的权利，在这一环节，灿星设计了导师们为获得自己青睐的学员而通过卖萌、撒娇等“你争我夺”的看点。田明相信让观众分享选手具有的选择权利，以及平时高高在上的导师竞相争宠会相当有趣，这一“鸿沟与反差”会使观众内心产生快感，进而爱上这档节目。

第二阶段“导师抉择”。导师盲选过后，4位明星导师将会对所选出的门下弟子进行专门的音乐才艺培训。培训结束后，4位明星导师旗下的弟子将会同台演出进行PK，最后谁能成为优秀学员，除了要看培训的时间及导师的指导和建议外，田明另外设计了一个环节，就是听选手们的梦想故事，当然这些故事要具有激励作用，让观众们在感动的同时，还会喜欢上故事的主角，也就是通过梦想引起共鸣。

第三阶段“导师对战”。灿星设计这一阶段，主要考验了4位明星导师的“教学能力”，更重要的是“运筹帷幄”的能力。经过相同时间的培训，谁的学生进步得更快，发挥得更好，这些悬念，都将在舞台上揭晓。

第四阶段“年度盛典”。在比赛结束之后，灿星筹备了一场大型演唱会，届时首季《中国好声音》的明星导师和他们培养出来的学员将在这场盛典中接受大舞台演出的考验，也将接受所有观众的检验，这个环节的目的是让观众做一回主人。

天籁之音：好声音完美绽放 灿星制作公司完成对《中国好声音》的制作及播出平台的选择后，田明舒缓了一口气后不禁有点担忧：《中国好声音》能与它的前身《荷兰之声》一样一举成名吗？

2012年7月13日，田明永远忘不了这一天，《中国好声音》在浙江卫视首播一炮而红，第一期的10位参赛选手登场，靠着一副好声音和全身心的投入，这些名不见经传的音乐爱好者征服了电视机前的观众，很多观众称"听出了一身鸡皮疙瘩"，通过微博的广泛传播，好声音迅速占据了微博实时热词排行榜第一名；在互联网方面，《中国好声音》的访问量也是直线上升，《中国好声音》在网络上的火爆程度让很多网友赞其是"2005年以来最值得期待的音乐盛事""耳尖上的中国"。这令灿星上下都非常兴奋，让田明欣喜的是不只普通观众叫好，电视业界也是一片赞扬声，主持人李静就在微博上感叹："看到这样的好节目出现，由衷地佩服！这个幕后团队是多么执著、激情有创意和执行力的一群人，为他们高兴！"央视主持人王梁也夸道："没有居高临下，只有惺惺相惜，没有虚荣造作，只有全情投入，没有新奇特，只有好声音！"姚晨、李湘、吴佩慈等明星也在微博上转发推荐，而张靓颖则发现了《中国好声音》现场音效的强大："The Voice，值得倾听！终于有可以让选手放心表现的音响了。中国从不缺好声音，缺的是好平台，好环境。真心期待更多好声音被发现！"在一片"选秀末日"的浪声中，《中国好声音》可以算是个奇迹，它唤醒了大家对音乐的梦想和执著。《中国好声音》第一期取得了1.477%的收视率，随后的13期节目收视一路飙升，收官之作达到5.652%，而其总决赛的收视率最高更是达到了6.101%。

有网友将《中国好声音》和2005年红极一时的音乐选秀节目《超级女声》进行比较。田明觉得两者的可比性并不大，《超级女声》是一档本土制作节目，引起了很大的效应，而《中国好声音》除了在节目形式上引进了荷兰原版，更注重的是在运营管理方面的开发以及整个音乐产业链上的布局。《中国好声音》走红之后，很多媒体在了解了其背后运作后，一致认为，本质上来看好声音更是一笔"中国好生意"。

丝竹管弦：好声音的好战略 灿星制作公司买入《The Voice》之后，对于《中国好声音》的管理存在着一定的分歧。尽管之前国内也有过引进国外优秀节目的例子，如《顶级厨师》《中国达人秀》等，但大多数还是沿用了国外节目的运营管理方式。站在荷兰《The Voice》这一巨人的肩膀上，田明认为必须结合国内选秀节目现状来进行战略选择。灿星制作团队在几个关键方面进行了革新，对国外节目模式进行了创新。

制播分离模式创新到目前为止，国内卫视节目的制作和播出采取如下三种主要模式：

第一种模式是电视台的劳务输出。电视台把部分工作交付给电视台以外的人如制作公司来做，但是总控制权还是在电视台的手中，也可以下派导演负责。这种模式的本质是将劳务性质的工作，例如剪辑师编导等交由外人完成，但核心技术和节目的内容仍由电视台掌控。

第二种模式也是目前的主流模式，是电视台负责审查、付费和播出，制作公司全职生产。某制作公司独立完成一档节目，该节目的创意、理念、制作等都由该制作公司负责，节目完成后，制作公司先拿出一个样片，交由电视台的审片委员会审查，他们会预估这个节目的收视率和广告吸附力，再考虑是否购买。

第三种模式是《中国好声音》采用的一种新颖的制播分离模式。《中国好声音》的商业模式创新之一就体现在制播的分离与分成方面。

作为制作团队，灿星一直负责节目的制作工作，然而田明对这次从国外引进并加以制作的《中国好声音》却有不一样的想法，但他并没有直接提出。在与浙江卫视的接洽过程中，灿星提出了第一个方案，即由浙江卫视全额出资，灿星只负责制作的模式，全额出资也就意味着要承担全部的风险，浙江卫视考虑到这点拒绝了这个提案。之后灿星又提出浙江卫视只负责作为播出平台，而灿星全额出资的模式，浙江卫视依然表示不愿意，通过双方的谈判最终达成了双方共同投资、共担风险、共同招商、均分利益的共识。

这种模式在之前中国的电视历史上从未有过，堪称是真正意义上的首次制作方和播出方的"联盟"。在这种模式下，灿星将担负节目达不到规定的收视标准时广告商的损失，相反，当节目达到规定的收视标准后，灿星可以直接参与浙江卫视的广告分成。

灿星的这一创新使其面临着巨大的风险和利益的刺激，这也激励灿星更好地来制作出一档高质量的节目。从目前的数据来看，灿星制作无疑是赚了：《中国好声音》从第一期到现在，广告费从每 15 秒 15 万元，涨到了 50 万元，每期仅凭广告就能带来近 2 000 万元的收益；2012 年 9 月 13 日，《中国好声音》总决赛广告招标会上，15 秒广告，第一选择权，标底价 45 万元，111 万元中标；第二选择权，116 万元中标；第三选择权，109 万元中标……12 条 15 秒广告卖出约 1 100万元，刷新了全国卫视 15 秒广告的新纪录；而在 11 月 2 日举行的浙江卫视 2013 年度广告招标会上，加多宝和郎酒在招标底价 9 000 万元的基础上，经过 50 多个回合的较量，加多宝最终以 2 亿元的天价如愿获得了《中国好声音》

第二季的冠名权，相比第一季6 000万元的独家冠名费，第二季的广告费溢价高达233%以上。这一系列的数字都表明灿星通过制播分离的新模式得到了相当可观的利益。

传递“正能量”灿星力求通过《中国好声音》将人们对音乐的评判回归到好声音这个标准上。田明对节目的评选要求设定为：不以貌取人，只用声音打动人。明星导师们选取学员的标准也一律以“好声音”为评判。这是对选秀节目形式的一种创新，相比于国内选秀节目以“恶俗、毒舌、冷酷、拜金、富二代、造假”等吸引观众眼球的形式，它显得更贴近生活、朴实无华的感动。在中国整个流行乐坛陷入低迷，新生代好歌手好作品匮乏的当下，急需注入一股振奋人心的力量，越想振奋人心，越需要正本清源。田明希望《中国好声音》可以带头打开“好声音”这扇窗户。

2 打造全产业链《中国好声音》的原版

《The Voice》在其他国家，如韩国之声《Han Guo》、荷兰之声《The Voice of Holland》、美国之声《The Voice（U. S.）》、爱尔兰之声《The Voice of Ireland》，节目都是结束于当季冠军产生时，而除了节目本身的衍生品以及线上歌曲的继续销售外，歌手的后续签约问题、演唱会的举办或者唱片的发售等获利环节都与节目的制作公司无关。灿星之前负责制作的一些节目也类似于这种情况，田明为了改变对国外引进节目再制作的被动局面，决定从产业链着手，打造音乐选秀节目的全产业链模式。灿星首先将明星导师作为打造全产业链的合作伙伴，以此来吸引明星们的长期共同投入。它不同于之前的节目对明星导师们采取付费的方式，而是与明星导师们合作，共同进行整个产业链的开发工作，也就是说导师们可以参与节目后期的开发分成，这不仅可以保证导师们全身心地投入来提高节目的质量，也将为参赛选手们的前景提供保障，因为导师们的利益和他们紧密联系在一起，只有全力以赴地培养自己的成员，导师们才能名利双收。更重要的一点是后期的产业链的开发更能实现参赛选手们的音乐梦想。

如今音乐产业的主体——唱片公司、经纪公司、演出公司长期以来都保持着各自为政的局面，这使它们各自力量薄弱，不仅易遭受互联网的冲击，而且也很难通过整合产业链释放出行业潜在的能量。考虑到这个事实，灿星制作为了改变自己的尴尬局面，提出了更大的创新，灿星把参赛选手签约以及签约之后的商业演出等项目都收归已有，并逐步开发音乐学院、演唱会、音乐剧及线下演出在内的全产业链。除此之外，灿星制作与运营商签署了彩铃分成协议，学员在节目中演唱的歌曲可以同步通过彩铃下载，另外还与运营商成立了一家经纪公司，为参赛学员的后续发展保驾护航。

灿星制作的全产业链效应在节目第一季结束之后依然显著，2012 年 11 月 23 日的三亚国际沙滩音乐节上，《中国好声音》的明星导师以及 31 名成员将与来自港台地区、欧美的明星、乐队一起唱响三亚。这之后，2012 年 12 月 1 日，《中国好声音》世界巡演正式启动，将先后到达南京、杭州、南昌、贵阳、长沙、成都、重庆、泉州、深圳、南宁十大城市，包括明星导师在内的诸多中国音乐界顶级歌手，将继续在《中国好声音》各地巡演中，率领好声音人气学员用音乐上演巅峰对决。

生态圈的互利共赢。田明将与《中国好声音》有利益关系的主体所在的环境定义为一个生态圈，灿星制作公司、浙江卫视、四位导师、学员、赞助商等都是这个生态圈中的成员。在这个生态圈中，共生、互生和再生是各成员活动的共同准则。田明将《中国好声音》比作一个“公司”，该“公司”的发言人是华少，他负责沟通并了解和讲述每个学员背后的故事；曾经是老师的刘欢、乐坛大姐那英、音乐顽童庾澄庆和拥有 32 场演唱会的杨坤在这家“公司”里是质量总监，他们负责挑选制作好的产品，并给出指导意见，提升产品的深层价值；这家“公司”负责销售的产品是声音，并将产品进行包装，通过不同的形式将产品及其衍生品销售出去；加多宝、娃哈哈等则是这家“公司”的投资者。

好声音生态圈的健康发展是各成员共同努力的结果，而在田明看来，不管是灿星或浙江卫视，还是导师、赞助商等，他们都达到了互利共赢的目标。灿星制作公司参与了广告分成，并深挖了产业链，浙江卫视在创造收视奇迹的同时打响了其知名度，而导师和学员等则成为热门话题。其中，参赛学员成为最热门的话题，关注程度达 71%，导师的关注度也达到 68%之高。赞助《中国好声音》之后，各广告商的被关注度情况，加多宝遥遥领先，关注度为 31%，促使人们的认知从王老吉转变为红罐凉茶加多宝，成功实现了品牌的转身。

灿星制作公司的创新并不是完全成功的，网络平台创新措施的被拒一直让田明无法释怀。在制作完成《中国好声音》之后，灿星团队除了寻找卫视播出平台，还必须解决网络播出平台的问题。关于《中国好声音》第一季的网络播出平台，田明最初的想法是与视频网站来复制和浙江卫视相同的合作模式，即灿星为视频网站提供海量素材，视频网站负责素材的整合互动，而不再是只作为线上播出渠道，但由于当时没有任何一家网站看好这个模式，所以自然没有人敢尝试。最终田明出于种种考虑还是选择最惯用的合作模式，以区区几十万元一整季的超低价贱卖给了 8 大视频网站，并实现同步直播。当然这一模式也为《中国好声音》提供了广泛的网络渠道，在促进了该节目的迅速蔓延的同时，也引来众多寻求合作的广告商，以爱奇艺为例，该网站每期节目的播放量都能达到几千万次，并已收获千万元的广告收入。尽管如此，田明还是很遗憾没有完成对网络平台的革新。

3 余音绕梁：好声音的印记

好声音的胜利播出，使田明也长吁了口气，对国外版权引进节目的本土化创新虽然有不成功的，但总体上来看好声音效果很不错。然而这只是第一季而已，对于即将到来的第二季好声音，灿星在首季的基础上必将寻求更大的突破，田明面对的不仅是如何将创新进行到底的问题，还有导师的去留问题，以及相继出现的音乐选秀节目的激烈竞争等，怎样延续《中国好声音》第一季的奇迹可能是田明接下来最需解决的事情。

案例使用说明

一、教学目的与用途

本案例的教学目的是通过向学生介绍《中国好声音》购买、制作和发展的过程，说明综艺节目这类技术壁垒较低的产品提高竞争力策略的制定。探讨企业如何在商业生态系统中进行商业模式的创新和产业链的完善升级。通过《中国好声音》在引进基础上的本土化创新向学生提供了引进国外产品如何结合国情进行内容和技术上的改进。

二、启发思考题

1.《中国好声音》获得成功的原因？

2. 作为制作公司的灿星团队在困境面前可以采取的策略有哪些？

3. 灿星制作公司的创新策略以及产业链的完善有哪些不足之处？

4. 国内卫视节目制作和播出的三种主要模式的优缺点是什么？制作公司会优先选择哪一种？

5. 在《中国好声音》这个生态圈中，怎样处理竞争关系，真正做到互利共赢？

三、分析思路

本案例从灿星制作的视角出发来进行整体的分析。

1. 通过分析灿星制作购买《中国好声音》版权、寻找合作伙伴和制作节目的过程，提出灿星的愿景和目标，以及进行战略制定的影响因素。

2. 详细介绍《中国好声音》播出后的反响，分析灿星愿景和目标的实现情况，也是对灿星规划效果的检验。

3. 通过分析《中国好声音》的一系列创新和整合，如制播分离模式的创新、传递“正能量”、打造全产业链和生态圈互利共赢等可以判断节目成功的关键影响因素：

(1) 灿星制作公司提出制播分离新模式。制作方与卫视达成共同投资、共担风险、共同招商、共享利润的共识，相当于建立合作联盟，有利于灿星致力于提高节目质量和档次，以获得比较好的收视率。

(2) 以“好声音”为唯一标准，摒弃以往选秀节目以“毒舌、恶俗”为噱头的模式，使音乐选秀节目回归正源，引起人们对音乐的追求和感动。

(3) 从购买《中国好声音》版权、寻找合作伙伴、本土化制作、后期音乐产品包装、成立经纪公司负责学员后续发展等，灿星制作公司打造了一条全产业链。

(4) 灿星制作公司、浙江卫视、导师和学员、广告赞助商等组成了一个生态圈，在这个生态圈中，各成员遵循共生、互生和再生的原则，打造出完美的《中国好声音》，最终目的是互利共赢。

4. 结合网络平台创新的遗憾对灿星制作公司的战略控制和调整进行分析。

5.《中国好声音》的成功对国内电视节目或者企业的启示，首先要明确战略管理的过程：战略制定、实施和评估控制，其次是进行资源整合、完善产业链，最后要把握竞争与合作的关系，以打造高档节目或产品为目标，实现互利共赢的目的。最后，启发学生对《中国好声音》后续发展的思考。

案例十七

《我们约会吧》

——交友类电视节目的“真”与“秀”

案例正文

1 烫手的传真

星期二，某省广电办公大楼内一如往常地繁忙。下午6点，为电视忙碌了一天的人们也忍不住纷纷骚动起来，或是三五成群地外出吃饭放松，或是拎起电话要份外卖。作为《我们约会吧》这一档非周末黄金时间播出节目的总制片人，陈蕾仍坐在她专有办公室的椅子上没有起身。节目正在另一栋大楼里录播，里面具体的情况，她现在并不关心。她只是紧紧盯着传真机，等待一份重要的数据。前一天，也就是2010年5月31日，在视频网站优酷上，《闲人勿扰》以4 822万次点击率占据综艺节目“大陆热播”第一名，相对于“台湾热播”第一名《康熙来了》的3 297万次和《我们约会吧》的88万次而言，《闲人勿扰》可谓异常火爆。

在网上看到这些数字时，陈蕾只感觉自己四肢瞬间变凉，右手紧紧握住鼠标，关节处都变成了白色。想到当初《我们约会吧》一经推出就凭借独特的节目模式而稳占相亲节目的第一把交椅，但仅仅一个月后竞争对手便跟着推出一档相亲节目《闲人勿扰》，并在相似节目模式的基础上以个性突出的嘉宾、大胆犀利的言论而在短短4个月内获得关注度的迅速上升，甚至有超越首创者《我们约会吧》而跃居第一之势。

尽管陈蕾不断告诉自己网络点击率并不能全面反映真实情况，但还是为《我们约会吧》的收视率捏了一把汗。她抓起电话，按下了市场部的号码。

“小林，《我们约会吧》同类节目收视排行出来没有?”陈蕾的话简短而急促。

“陈姐，数据还在统计呢，还差一些。”小林慢吞吞地答道。

“今天能做完吗，我急着要。”

“呃，这么急？那行，半个小时以后传真给您吧。”

陈蕾放下电话，在办公室里来回踱步，窗外已渐现夜色，她望了望还亮着灯的录播室，思绪回到了当初把《我们约会吧》从一纸方案变成现实的两个半月。

那是2009年的8月，陈蕾在亚洲电视节上偶遇知名娱乐节目《Take Me Out》的制作公司老总，对方的一句话让她印象深刻，“你能想象一个男人在50个女人中抉择的场景吗”。这次谈话让曾担任相亲节目《玫瑰之约》制片人的陈蕾想起了那辉煌的7年，同时也给她带来了一丝灵感。从电视节归来后，恰逢湖南卫视传统的推新季，陈蕾便萌发了推出一档全新模式的电视交友节目的想法。

当时，陈蕾的团队把各种创意元素汇集到一块儿，《我们约会吧》摒弃传统相亲模式“一对一”或“多对多”，而创造“1个男生对18个女生”的新模式以增强聚焦性，基于“交友是一个披荆斩棘的过程”这个理念而设计了男生冲关环节，为增强男女嘉宾的互动性而设置的男生反选，从节目模式到细节设置，这些活跃在脑海中的一个个创意点子，在一个星期的时间内被转化为文字。熬夜赶完方案书的第二天，眼圈还泛黑的陈蕾在电梯里遇到了领导，两人寒暄着，“最近忙什么呢”“刚写完一个新节目的方案”“那赶紧拿来汇报吧，明天领导们都在呢，让我们看看。”陈蕾一扫疲态，点头笑着说：“行！”

回想到这里，陈蕾脸上掠过短暂的微笑，又马上回到现实的忧虑中。她推了推眼镜架，坐回电脑前，点开百度、天涯的贴吧，翻看着那些网友的评论。网上的评论一如既往的直白和犀利：

“现场灯光不好，18位女嘉宾站的那个位置光线太差，导致皮肤看起来都很暗淡，装化的也很难看，服装更是良莠不齐。”

“何老师的确为《我们约会吧》撑着场面呢，不过相比《闲人勿扰》就显得势单力薄了吧，看人家孟主持风趣幽默而不失稳重，心理咨询师言语犀利，刻薄而不失温情，黄老师也越来有范了。”

“《我们约会吧》那些男女嘉宾普通话都那么不靠谱，打扮也老土得很。”

批评声不少，但也有网友的力挺让陈蕾感到欣慰：

“《我们约会吧》这个节目我每期都看，为适龄男女提供了择偶的平台，不少的人都成功牵手，挺好的，我也正有意向上节目去找我的另一半呢。”

看着这些或褒或贬的评论，陈蕾喜忧参半，便把目光聚集到一直被网友们拿来与《我们约会吧》比较的《闲人勿扰》：

“《闲人勿扰》挺好看的，废话很少，节奏很快，娱乐性强。”

"《闲人勿扰》又现雷语，马若直言'没钱勿扰'并直白地问男嘉宾'你家有钱吗'，男生则直接宣布我家是开厂的，在上海有3套房子。"

"24位美女一字排开，还有那些'语不惊人死不休'的台词，唰唰唰灭下去的灯，各色各样的男嘉宾，确实让我感到很刺激。"

铺天盖地的评论让陈蕾加快了下拉的速度，看到下面这段话，她握着鼠标的手又放慢了下来：

"有炒作热点，节目才会红，才有人评论，才有看客的围观。当代人越来越冷漠是众所周知的，一些素不相识的人相亲，关广大观众什么事啊？我们看相亲节目看的不是相亲这件事，《闲人勿扰》反映就都是社会现实问题，所以我们爱看。"

"《闲人勿扰》既然要创造话题，那必然会少很多真情的东西，我参加过《我们约会吧》，节目录制结束以后我和其他的嘉宾都成了朋友，我们建了一个群，不久前大家还去深圳聚会了，有些东西不是炒作作秀就可以获得的。"

这时，传真机的声音打断了陈蕾的思绪，她立即起身大步走去，拿起那张微微发热的传真，视线直奔"收视第一"的那一栏，紧缩的眉头稍稍平复——《我们约会吧》仍然位居本周相亲类节目收视首位，但《闲人勿扰》以微小差距紧随其后，赶超之势仍不可小觑。

陈蕾放下传真，定了定神，自语道："该给节目组开个会了"。

2 舅舅的寿宴

在接到陈蕾召开会议的电话之前，刘嘉正在舅舅家为舅舅祝寿。彼时已经杯盘狼藉，众人意兴阑珊，舅舅的儿子、刘嘉的表弟董天起身去客厅看电视，女友双双和舅妈也已开始收拾碗筷，独留甥舅俩意犹未尽，在桌旁闲聊小酌。

过了一会儿，客厅里传来一群人"我们约会吧，约的就是你"的呼声，那是《我们约会吧》的开场口号。作为节目导演组的一员，刘嘉对此已是熟得不能再熟。

"刘嘉——"董天在客厅呼喊表哥："我说《我们约会吧》的舞台怎么这么小？那些舞伴都跳不开啊；要不换个大点儿的场地吧，或者像《闲人勿扰》一样改成蓝色的风格也不错。"

董天是一名室内设计师，他对色彩颇有研究："从专业角度来说，蓝色能产生视觉上的后退感，可以让小空间显得大气宽敞一些；粉红色虽然象征甜美浪漫，但大片的粉红容易把人淹没，约会吧现在以粉红为主色调，只会显得更加拥挤。"

舅舅看到刘嘉不自然的表情，对儿子大声喝道："臭小子，别自以为是、口无遮拦的。"

"我不过好心提提意见，这也是为了节目能做得更好嘛。"董天说："要是哪天你们想换一个舞台风格了，可以优先考虑考虑表弟我来当总设计师喔。"

舅舅"哼"了一声。

董天对着电视看了没多久，便开始觉得无聊起来。这时，女友双双帮着董妈妈洗好了盘子，便到客厅和他一起看节目。

董天用手肘碰了碰双双，说："我发现《闲人勿扰》有三大玄机，你想不想听?"

不等双双回答，他就得意地开始介绍："第一个，音乐有玄机：除了不同环节音乐不一样之外，《闲人勿扰》里面还会根据场景随机应变。比如有一次，一对母女在节目上发生了争执，现场就响起一首《女人何苦为难女人》；还有一次，一个男人为了一个女嘉宾特地去参加节目以挽回前女友，成功之后，《我比想象中爱你》这首歌的高潮部分也立即被播出——这音响师太厉害了，跟事先就知道会发生什么似的。"

双双觉得有点意思："你继续说。"

董天笑着说："能从相同的事物中发现细微的不同，证明我是一个具有敏锐观察力的专业设计师。第二个是镜头。你发现没，《闲人勿扰》的特写镜头特别多，男嘉宾出场的过程中，镜头就会特地拍女嘉宾脸上的表情，欢喜、兴奋，失望、轻蔑都拿捏得非常准，看了就觉得合胃口!"

董天继续兴奋地说："还有第三个，站位。你看，1号位总是站个不男不女的，3号位不是精神病院护士就是大龄单身女博士；而固定站在舞台中间、最容易被镜头拍到的女嘉宾，则全都是美女。"

双双瞪了他一眼，说道："美女、美女，成天就知道看美女，你是不是也想上《闲人勿扰》，二十几个美女任你挑啊? 我警告你啊，要是你真敢去，我就诅咒你成功牵走马若那种毒辣的女人。"

"看电视就是图个乐子嘛，你干嘛这么草木皆兵呢。"

"我就是不喜欢那种节目，男嘉宾没有钱好像就不能拥有爱情了一样，真现实。"双双回答，在董天大腿上掐了一把。

这时，舅妈把厨房打扫完毕，也来到客厅休息。

舅妈看到电视上的一位女嘉宾，感觉有些眼熟，又不太确定，便指着屏幕疑惑地问："咦，这个人，怎么这么像上周那个整容的女嘉宾啊?"

董天答道："就是她，上几期一直没碰上合适的，所以就留下来了。"

"噢,这么好的女孩子还没人选啊,希望她今天能够找到如意郎君。"舅妈说。

双双说:"其实我觉得,《我们约会吧》和《闲人勿扰》这两个节目大体上没什么差别,《我们约会吧》里面的男女嘉宾也是经过挑选的,在年龄、性格、职业、长相上都有所区别。但是,《我们约会吧》就没有火药味儿,而《闲人勿扰》里却战火纷飞,根本不像诚心来交友的。"

董天说:"两个节目看上去就不一样,一个是平平淡淡的,另一个是跌宕起伏。"

电视画面中,主持人何日笑容满面地宣布牵手成功。舅妈说:"何日平时做娱乐节目我还挺喜欢的,不过主持婚恋交友节目还是不太合适吧,自己长得就像个孩子似的,也没听说过有什么恋爱经验,猛一看还以为他也是个嘉宾呢。我看,这种找对象的节目还是需要一个年长的主持人,那样才稳得住。"

董天忽然想起,转向妈妈:"对了,妈,您帮吴叔叔的儿子小勇介绍对象那事儿怎么样了?"

"哦,你不说我差点忘了,老吴还托我找小嘉给吴勇开个后门呢。"接着朝餐厅的方向,提高音量问道:"小嘉,我有个同事他儿子想上你的节目,能优先安排不?"

餐厅里刘嘉听到舅妈的要求,笑了笑,答道:"您让他先报名吧,到时候进行身份审核的工作人员会打电话联系他的。"

之前在饭桌上和舅舅有一句没一句地聊着,但实际上,刘嘉一直在关注客厅里三人的对话。通过这段对话,他发现自己对于观众和竞争对手实在是了解得太少。

《闲人勿扰》刚播出时,《我们约会吧》的导演组都将注意力过多地放在两个节目的相似点上,却忽略了两者存在的差异也带给了观众不同的影响。

表弟董天谈到的《闲人勿扰》"三大玄机"令刘嘉敏感地意识到,这些细节处的雕琢和气氛上的渲染完全是为了满足观众需求而设计的,而观众的需求则与电视台的命根——收视率密切关联。

或许《我们约会吧》需要作出一些调整,去迎合更多的观众?他思忖着。

正是在这个时候,刘嘉的手机铃声响起。

手机里陈蕾召开紧急会议的命令让他知道,这是一个提出建议的好机会。

"舅舅,台里有点急事,我们老大叫我们去开个会。我得马上走了,祝您老人家健康长寿!"刘嘉起身对舅舅、舅妈等人道别,抓起包,直奔电视台。

3 八号会议室

晚上十点，陈蕾准时推开了第八号会议室的门，“大家都到了吧，这么晚把大家叫来开会，是为了这个。”说着她走到圆桌前，把那份传真的复印件分发给大家，又接着说，“网络上疯传《闲人勿扰》收视率超过了《我们约会吧》，这是我今天从市场部那儿要来的最新统计数据，证实传言确实只是传言，但是，你们看看《闲人勿扰》和《我们约会吧》的收视差距，已经微乎其微，继续这样下去，超越我们也不远了。”陈蕾拉开一把椅子，坐了下来。“大家谈谈想法吧”。

离陈蕾最近的罗文首先发言，摇着头感慨了一番。“《闲人勿扰》跟的挺紧嘛，以前《玫瑰之约》就是这样一炮走红，然后迅速被模仿的。过了这么多年还是没变啊，咱们当初买《Take Me Out》中国版权就想着能对这克隆风起点遏制作用，看来是一厢情愿了，那官司打得怎么样了？”

“官司早也不了了之了，现在用版权来说事儿没用，而且……”刘嘉顿了顿，接着说，“《闲人勿扰》确实做得有噱头，大有后来居上之势。”说着刘嘉向陈蕾的方向轻轻瞟了一眼，继续道，“其实说起制造娱乐话题，一直是我们的强项，咱们台里的节目一直以大胆创新和娱乐为标志，因此才吸引了一大批年轻观众。与以前那些重口味的节目相比，《我们约会吧》确实显得清淡了。不如给《我们约会吧》变变方向，走我们已经走得成熟的路子？”刘嘉试探着道出了在舅舅家中形成的想法。

陈蕾端着咖啡坐回到座位上，没有接话，只示意大家继续往下说。

此时同样心有动摇的方芳想着趁热打铁，便紧跟着说：“现在的80后、90后都个性十足，有这个时代背景下独特的婚恋观，虽然金钱崇拜、物质至上的观点放在公共场合叫嚣听着很刺耳，但却反映了社会现实，也许有所夸大，但大家似乎对犀利有争议的东西有更浓厚的兴趣，我们何不转换一下思路呢？”

节目组里的元老级人物王姐在一旁等待方芳说完，直起身子，向前坐了坐，说道：“我们以前做了那么多节目积累了很多经验，尤其是《玫瑰之约》，惹过官司，挨过批评，也该知道什么操作会出问题，需要你们铭记于心。其他台在我们之后推出节目，想要超过我们自然要想方设法做得更出位更重口味。一旦把交友这件事情量化了，衣食住行柴米油盐，房子车子票子什么的，就肯定会涉及敏感性社会话题。节目如果一心为了出位，就有触碰政策底线的危险。”一番话果然老道，说的几个年轻人暗暗点头。

“另外，我们之前就分析过观众的心理，按照中国人的观念，要看秀我可以去看综艺节目，干嘛看你们普通人作秀。”坐在王姐旁边的唐钰明也来了精神，停下手中转动的笔，继续说道，“这种节目一旦大家觉得是秀，他们可能会排斥。我相信真实的东西才是会长久的，可能你长得漂亮，也很配合这个过程，我们可以互动，表达的也很犀利，但如果你没有这个真实的交友需要，大家就感受不到交友的氛围了。观众会觉得，你为了表现自己而利用这个节目甚至是利用观众。”

一直在旁听着的副导谢宇接过了话茬，大家都把目光转向他。“是的，《闲人勿扰》是出了很多话题，宝马哭泣之论一夜之间铺天盖地，但这可能是在非炒作的情况下自然产生，并且不断产生，还一个比一个更劲爆吗？以我的看法，我们不能做得跟《闲人勿扰》一样，《我们约会吧》针对的观众不一样，我们是做一档具有娱乐性的交友节目，而不是以交友节目为载体的社会评论节目。《闲人勿扰》是把交友节目当作一个秀来做，而我们的理念是真实。有真实的身份、真实的诉求才会有真实的互动，才能有真实的碰撞，观众才会产生共鸣。”

“是啊，是啊。”王姐补充道，“下午下班的时候门卫还跟我推荐他亲戚来参加节目呢，我觉得如果我们周围的人、圈内人都能放心地把人推荐给你，说明他们觉得你这个节目是真实的，他们会觉得这就是他们的舞台。上至台长，下至门卫都愿意把认识的人推荐到这个平台来，那你就被大家认可和接受了。到哪天没有人给我们推荐人的时候，就说明他们觉得那跟他们已经没有关系了。”

“可是在这个话题为王的时代，坚持真实性会不可避免地牺牲我们的关注度、收视率。”刘嘉明白谢宇说的“三个真实”，但他依然对《我们约会吧》要因此牺牲收视率而心有不甘。“收视率牵扯了很多我们不得不考虑的方面。比如我们的赞助商，据百度数据研究中心的数据显示，本月《闲人勿扰》带动了他们赞助商‘步步升’的检索量的升高，而‘美德’受《我们约会吧》的影响相对不明显。尽管我们只是节目制作组，不用与赞助商有直接的联系，但节目的收视对赞助商的影响是我们无法忽视的。”

“还有一个重要的方面我们需要考虑，湖南卫视的成长模式是先靠一个或部分王牌娱乐节目吸引观众关注电视台，等到关注度足够高的时候，便考虑拓展节目风格类型，《我们约会吧》就是在湖南卫视娱乐之王的形象牢固之后而采取的新的尝试，希望在节目风格上突破以往的娱乐至上而转向清新温情。收视率和台里的战略构想如何权衡是个难题啊。”唐钰明的提醒让大家都陷入了沉思，面临这种两难局面，大家一时不知该如何抉择。

陈蕾抬头看了看时钟，已经是凌晨 5 点，又到了新的一天。她想起下午，台里还有一个内部例会要参加。“时间不早了，今天先到这吧，节目今后具体该怎么走，大家回去都认真想想，本周五中午每人交一份方案给我。”她放下手中的咖啡杯，尽管杯子里还留着三分之一的咖啡，她却不想再去碰那苦涩的滋味了。

4 路在何方

周三下午两点，陈蕾和谢宇准时走进办公楼大会议厅，参加一周一次的例会。

为了让自己在参加会议时不至于显得太疲惫，中午陈蕾特地在办公室内的长沙发上小睡了半个钟头，醒后还稍稍上了点妆。她认为，好的精神状态可以暗示其他人，《我们约会吧》现今进展顺利。

会上，市场部将台内各档节目按制作团队为单位划分，通过数据和图表来总结汇报一周内各节目的收视情况。《我们约会吧》的收视率仍处于国内同类节目之首，但其上升速度放缓，与第二名《闲人勿扰》的差距越来越小，这在会议厅里引起一小阵议论。同时，节目分钟盈利这一绝不能外泄的数据也显示，《我们约会吧》的投入与收益状况也不再如往昔那样可观。而分钟盈利一旦降到某一数值，则表示节目将有停播的危险。

会议接近尾声时，谢台长正在发表总结性陈述。只见台长助理小张急急进入会议厅，走向谢台，递给他一份文件，同时瞄了陈蕾一眼。谢台低头看了看，脸上闪过一惊，又马上恢复过来，让会议正常进行下去。

陈蕾看着小张的眼神，心中闪过一丝不安。

会后，谢台叫住了陈蕾，表情有些严肃。

“小陈啊，刚才省广电局转发来广电总局的通知，要进一步规范婚恋交友类电视节目的管理，你看看吧。”说着把小张拿来的文件递给陈蕾。

“不准过分渲染悲情、不准‘猎奇’、不准展示因亲情矛盾导致的极端行为、认真审核嘉宾身份，不得炒作拜金主义……”条条禁令直冲眼前。

这些指向性极强的文字让陈蕾瞬间想到了《闲人勿扰》。“它这回真做过了吧，惹得广电总局都发文了。”她心中暗想，甚至还有些窃喜。然而转念一想，又眉头一紧，尽管《我们约会吧》一直致力于展现真实，避免政策触礁，但毕竟是国内首个推出这种模式的节目，难保不被人看成始作俑者。

谢台更加明白这其中的利害关系：“在这个关口不能掉以轻心，你们好好查查这事儿，一定要谨慎对待。尤其咱们台还是省级卫视中最受关注的电视台，绝对马虎不得。”说完，台长便先行离去了，只留下一脸沉重的陈蕾。

回到办公室，陈蕾倚在沙发上，想为《我们约会吧》理出个头绪。

最初，从电视台节目风格多样化来考虑，《我们约会吧》尝试突破湖南卫视一贯“娱乐至上”的风格和主旨，改走温情路线；同时，从制作团队的理念出发，节目被定位为潮人互动真人秀，成为提供真实交友机会的平台。已经播出了五个月的《我们约会吧》在新的节目模式下渐入佳境，却遭遇《闲人勿扰》的追击。

《闲人勿扰》推出伊始便以模仿者的身份大步迈进，毫不掩饰其超越《我们约会吧》成为第一的目标。为此，《闲人勿扰》通过精细的制作和精心的话题设计，犀利地展示现代人独特的价值观，渲染另类婚恋观，以此获得观众的心理认知与认同，在相亲节目收视排行榜上节节攀升。如今，它终于与《我们约会吧》不相上下，而它的成名模式也冲击着《我们约会吧》继续走温情真实路线的理念。

……

刘嘉和方芳的提议不时闪过陈蕾的脑海，走秀还是求真？在收视率的诱惑下是转向还是坚守？媒体节目如何在自身理念与外部政策间寻求立身？如何平衡节目绩效与卫视构想？

身为资深媒体从业者的陈蕾，面对这一个个问号，理清这内外纷繁的形势之后，更加注重的是节目本身的理念和给予观众的体验，似乎一切又有了答案。

陈蕾慢慢走到窗前，看着窗外车水马龙，夕阳晕得天边泛红。她转过身来，时针再次指向六点的方向，她双唇紧闭，心中已坚定了自己该做怎样的决定。

案例使用说明

一、教学目的与用途

本案例探讨电视节目产品在技术壁垒相对较低，节目模式和内容相似度很高的情况下，节目本身如何结合观众心理，制定市场细分、目标市场选择、市场定位的策略，从而找出体验主题为节目另辟蹊径的战略路径。通过探讨《我们约会吧》选择“真实”还是“作秀”的节目风格，分析《我们约会吧》的发展前景，从而归纳总结出体验营销理论及战略运作在电视节目当中的运用。

二、启发思考题

1. 电视相亲节目很早之前就存在了，由《我们约会吧》掀起的电视相亲节目潮为什么会再次火爆起来？

2. 从电视节目产品体验的角度来说，观众对《我们约会吧》和《闲人勿扰》的体验有什么不同？

3. 《我们约会吧》面对《闲人勿扰》这样强劲的竞争对手，有哪几种应对策略？为什么？

三、分析思路

教师可以根据自己的教学目标灵活使用本案例。这里提出的本案例的教学思路，仅供参考。

思考题1：

1. 对当前社会的婚恋观进行分析。特别是针对剩男剩女这一特殊群体的出现，舆论有何解读？

2. 阐述现在的电视相亲节目与之前节目之间的区别。

思考题2：

1.《我们约会吧》跟《闲人勿扰》的体验类型有什么区别？

2. 具体到体验营销的感官、情感、思考、行动、关联5个战略体验模块，各有什么区别？

思考题3：

1.《我们约会吧》如果向“秀”的风格进行转变会有怎样的得失？

2.《我们约会吧》如果保持节目一贯“真实”的体验主题，会产生何种结果？

3. 两种不同的节目风格关键是要注意哪些问题？

案例十八

柯达迟暮启示录

案例正文

0 引言

世界著名摄影产品和相关服务供应商伊士曼柯达公司2012年1月19日凌晨宣布，根据美国《破产法》第十一章在纽约南区法院申请破产重组，从而使长达几个月的各种破产传闻尘埃落定。从昔日"胶片行业的霸主"、美国股市"蓝筹中的蓝筹"，到如今被迫宣布破产，那个曾经在过去的一个多世纪中陪伴无数人成长的"黄色巨人"最终无法抵御数码时代的冲击，走向了它辉煌时代的终结。纵观柯达长达一个多世纪的发展历程，在80%的时间中柯达一直是领先者，直到最近的20多年才被甩到了后面。有人已经预言，柯达盛极而衰的历史将成为商学院中研究企业战略失败的经典案例。那么，柯达到底能给其他公司带来一些什么样的启示呢？

1 背景介绍

1.1 昨日辉煌

柯达公司创办于1884年，一百多年来，柯达品牌背后所代表的是先进的光学影像技术和拍照的快乐，几乎成了胶卷和照片的代名词。在传统影像行业里，柯达占有全球60%的市场，是无可置疑的霸主。即使富士这样的强劲对手使用各种手段屡屡发起攻击，也被柯达一一击退。

柯达公司的历史是世界影像行业发展的缩影。1885年，柯达生产出世界上第一个民用胶卷。1888年，制造了全球第一部民用相机。同年，柯达打出了第一个广告，画面上一只手举着一架柯达相机，旁边是创始人伊士曼写的自信而自豪的承诺："你压下按钮，其余由我负责。"柯达上市后，一举获得成功。1964

年，柯达经过10年的研究，推出了一种“立即自动”相机，这种相机机型更加简单轻便，易于携带；操作简便，无需测距对光，就能获得清晰的照片；底片装卸便利安全。这种“傻瓜式”的相机上市之初就销掉了750万架，一举创下了相机销量的世界最高纪录。在影像行业里，可以说大部分的创新都与柯达有着千丝万缕的联系，这种辉煌一直延续到20世纪末，也成就了柯达庞大的影像帝国。

而在中国，柯达则凭借高超的公关策略和营销手段，后发制人，从富士手里夺取了王者的宝座。1998年以前，中国感光市场是富士的天下，而柯达与柯尼卡、爱克发等外资品牌一样，不得不长期屈居富士的阴影之下。1998年，柯达与中国政府达成一揽子协议，柯达宣布在中国投资10亿美元以生产、制造及销售感光产品和冲印化学药品，完成了对几乎整个中国感光行业的合作。同时还有一个“排他性”的约定：中国在3年内不得与其他同类外资公司签订合作生产协议。“98协议”的成效是显而易见的，柯达很快超越富士，占有了中国传统影像业60%的市场。1996年时，中国还只是柯达全球产品及服务的第17大市场，但2000年已经成为其除美国之外的全球第二大市场。

1.2 盛极而衰

柯达陶醉于传统影像业的辉煌，“胶卷时代”进入“数码时代”时，它仍犹豫再三，裹足不前，结果错失了先机。在数码技术摧枯拉朽的冲击洪流下，柯达100多年辛苦建立的传统影像帝国的地基迅速崩塌。

说起来，柯达还是数码影像技术的开创者。早在1976年，柯达就发明了世界上第一台数码相机，并将其用于航天领域；至今柯达拥有多达1 000余项的数码成像专利技术，为同行业之最。1998年，柯达开始生产民用数码相机，但只是把它作为热身运动，缺乏长远而明晰的战略——对传统影像业务的倚重，使柯达领导人错估了数码影像市场的发展速度。1999年，美国市场传统胶卷的销售增长速度仍高达14%。2000年年初，在美国市场销售的新相机中，数码相机还仅占1/20。2000年年底，胶卷需求开始停滞。柯达的判断出现错误，它以为这种状况是整体经济衰退造成的，而没有想到是数码技术的“创造性破坏”。直到2002年年底，柯达才意识到，在数码影像技术的冲击下，传统胶卷的辉煌时代已经一去不返了。2003年第一季度，柯达胶片产品在美国市场上的销售额同比降低了24%，在全世界市场上则降低了9%。

随着数码影像时代的到来，消费者的需求迅速从“胶卷”转向“数码”，而柯达所能提供给消费者的产品日渐无法满足消费者的需求。2000年，柯达的数码产品只卖到30亿美元，仅占其总收入的22%；即便到了2002年，柯达的产品数字化率也只有25%左右，而竞争对手富士已达到60%。

柯达的这一尴尬同样出现中国市场上。虽然“98协议”缚住了富士在传统影像业的手脚，让柯达得以大步前进，但不甘心的日本人找到“数码”这一突破口，给了柯达迎头一击。事实上，富士的反攻序曲早在1999年就奏响了。2000年年初，富士自行研制的“魔术手”数码冲印设备成功登陆中国数码冲印市场。到2002年9月，富士声称，已经有300余台“魔术手”设备引入中国大陆，为配合数码相机的快速成长，以后更要以每年投资1亿元人民币的规模，在3年内建成1 000家拥有该设备的富士数码冲印店，以迅速抢占新兴市场的制高点。富士在中国数码市场上可谓出足了风头，然而最先提出数码概念的柯达似乎成了落伍者。直到2001年3月，柯达才在上海推出了自己的数码冲印服务。而在数码相机这一块，作为发明者的柯达也远远落在索尼、奥林巴斯、佳能等日系企业之后。

而从2005年开始，柯达几乎年年亏损，只有2007年一年实现盈利。时至今日，柯达公司的全球员工人数已经从鼎盛时期的14.5万人降至大约1.7万人，而市值已从15年前的310亿美元锐减至不足1.5亿美元。

1.3 破产保护

历经挣扎后，柯达还是走到了这一步——2012年1月19日在纽约依据美国《破产法》第十一章提出破产保护申请。这家创立于1880年的世界最大的影像产品及相关服务生产和供应商，在数码时代的大潮中，由于跟不上步伐而不得不面对残酷的结局。

此前，柯达的平均收盘价已连续30个交易日位于1美元以下，不符合纽交所的上市要求。总部位于纽约州罗切斯特的伊士曼柯达公司1月初宣布，该公司已收到纽约证券交易所警告，如果未来6个月内股价无法上涨，则有可能退市。

2011年，柯达数度传出破产传闻，当年股价跌幅超过80%，最新报0.66美元。这是正在变卖资产求生的柯达遭遇的最新打击。柯达表示，由于公司面临着流动性挑战，并不能保证在未来6个月的期限内能够达到纽交所的上市标准。

而在其提交的申请文件中显示，柯达的现有资产为51亿美元，但是债务已经达到了68亿美元，处于严重的资不抵债的状况。

“董事会的成员和整个管理层一致相信，为了柯达的未来，这是不得不走出的一步，也是正确的一步。”董事长兼CEO安东尼奥·佩雷兹(Antonio M. Perez)在声明里说道。他还表示，申请破产保护将让柯达能够发挥所拥有的资产的最大价值，包括向手机和其他设备商授权数字成像等专利。

柯达称，该公司及其美国子公司已根据美国《破产法》第十一章，向美国一家破产法院申请业务重组。美国以外的子公司不包括在申请范围内。柯达表示，此举将加强其美国及海外资产的流动性，将非战略知识产权商业化，妥善解决遗留负债问题，专注于最有价值的业务。

此外，柯达还从花旗集团获得破产保护企业 9.5 亿美元贷款额度，贷款期限为 18 个月，用于改善流动性以及运营资本。贷款额度还需要获得法庭批准并有一些前提条件。该公司相信，在破产期间，公司有足够的流动性来维持运营，公司将继续向消费者提供产品与服务。

柯达预计将继续支付员工薪水和福利，并维持消费者的服务项目。柯达在海外的子公司不受破产保护条款约束，有义务向供应商支付所有未偿债务。柯达及其在美国子公司承诺有义务向供应商支付所有破产后欠下的债务。

2 漫漫求生之路

2.1 贱卖专利饮鸩止渴

目前，对柯达来说筹钱支撑下去是当务之急。除了历经百年的品牌价值之外，最值钱的就是攒了 130 年的 1 万多项技术专利。2012 年 8 月，柯达就开始四处兜售数字图像专利组合 1 100 项，从而将这部分知识产权转化为现金。据悉，自 2008 年以来，柯达通过专利出售共取得近 20 亿美元的收入。

与此同时，柯达还宣布时任董事、总法律顾问劳拉·夸特拉将出任公司总裁一职，此后，柯达又有了一系列的新动作。先是 2012 年 11 月，柯达将图像传感器解决方案业务出售给私募股权投资公司铂金资本。一个月后，柯达又宣布把旗下的胶制品业务出售给罗赛洛集团。这些忍痛割爱的行为意在增加不断萎缩的现金储备。

遗憾的是，专利出售等募资举动并未提振投资者对柯达的信心。有分析师指出："无论是现金流、收入增长还是整体增长，柯达都令人失望。"拥有 130 余年历史的柯达"未来最有可能去的地方，将是商学院的失败案例"。

柯达采取出售专利维生的短视措施，即使可以缓解资金短缺的问题，但对其未来的发展也将蒙上一层阴影。

业内人士指出，原本这些转让项目已经吸引了包括微软、苹果、谷歌和三星等巨头的注意，但是随着破产消息的来临，柯达专利的潜在买家担心企业申请破产后，原债权人可能对专利买家提出诉求，所以谨慎考虑购买事宜。柯达靠贱卖专利为生无疑是饮鸩止渴。

2.2 转型求生越走越艰

有人将柯达现在的衰落归咎于其在胶卷业务领域所取得的巨大成功，所谓"成也萧何，败也萧何"。

然而，转型并非像想象得那样简单。事实上，直到20世纪90年代末期，世界上绝大多数的照片仍采用胶片感光技术拍摄，1999年，美国传统胶卷市场的销售增长速度高达14%，而柯达占据市场统治地位的胶片和随处可见的照片冲印店不仅为柯达持续带来丰厚的利润，而且早已成为人们生活方式的一部分。作为这一领域毫无争议的霸主，柯达缺乏勇气大举转型至前景尚不明朗的数码市场，而是选择保守地希望在传统胶片和数码领域齐头并进。

实际上，在数码领域，柯达算是个先行者。早在1975年，柯达就率先发明了数码摄影技术。然而，数码产品市场的发展速度超出了柯达的预料，在对手们纷纷抛弃传统胶片业务，大举转向数码市场的时候，柯达还在犹豫不决。

为了加快跟上数码时代的步伐，柯达随后进行了两次重大战略转型，并在2007年成功扭亏为盈。然而，由于在转型过程中作风保守，缺乏战略性前瞻，柯达仍然遗憾地错过了最为珍贵的历史机遇。而之后柯达采取的一系列措施已经不足以挽回公司走向衰落的命运，且柯达所选择的新商业模式也很难奏效。

于是，柯达用自己潜心钻研的技术为人们烹制出一场科技盛宴，最终却发现餐桌上没有自己的位置。

2.3 是宿命还是自导悲剧

事实上，面临被迫转型是整个胶片行业的共同宿命，而其他企业的转型之路或许可以为濒临破产边缘的柯达提供借鉴。

富士胶片经过市场摸索寻求多元化的发展，将其最早的影像事业(传统胶卷、数码相机、数码冲印设备)、信息事业(印刷、医疗和其他光器械等光学材料)、文件处理事业三大业务板块调整为医疗生命科学、高性能材料、光学元器件、电子影像、文件处理和印刷六大重点发展事业，传统胶卷业务在公司整体收入中的占比仅为2%。例如，该公司为液晶平板显示器开发了光学薄膜，自2000年以来，已经为该业务投入了40亿美元。此举也收到了成效：在一种可以扩大液晶显示屏视角的薄膜领域，富士占据100%的市场份额。

而2012年，富士引发话题最多的无非是其加大抢滩国内化妆品市场的力度。事实上，富士早是一家化妆品制造商了，其推出的护肤品牌艾诗缇(ASTALIFT)，2007年在日本上市以来业绩接连上扬，2010年销售达200亿日元(约合16亿元人民币)，打开日本本土市场后，开始向外推广，而中国就是其海外市场的第一步。就连化妆品行业元老高丝(Kose)公司总裁也直言："它们在某些产品上具有一定的影响力。”

而作为中国的“胶卷王”，乐凯的转型之路也一直被外界所关注。在意识到只进行产品结构调整所创造的利润不足以维持企业继续发展的问题后，乐凯在原有业务数字化转型的基础上，选择光学薄膜（广泛用于光学和光电子技术领域的材料，平板电视、笔记本电脑等的液晶显示屏依靠的关键材料之一就是光学薄膜）作为产业结构调整的主要方向，向技术密集、资金密集、技术难度大、附加值高的领域发力。而从其 2010 年 1～9 月的盈利情况来看，薄膜材料主营收入同比增长102.3%，占该集团总营业收入的 20%，利润更是占到了该集团同期利润的 40%。2011 年 9 月，乐凯又整体并入中国航天科技（000901）集团，成为其全资子公司，踏上重组之路。业内人士预计称，乐凯胶片（600135）或被定位为航天科技集团新材料领域内的光学薄膜业务平台。

对此，有业内人士指出，虽然都是因为数码时代的到来令传统胶片行业衰败，企业被迫转型，但是从市场情况来看，唯有柯达转型不力后面临着破产的窘境，这是因为柯达是在被动转型，富士、乐凯在发展过程中及时对业务和战略进行调整，虽然转型谈不上十分成功，但是仍保持了后续发展的势头，而柯达在“押宝”失败后，被市场牵着不得不转型，多年之后成果甚微。

柯达曾经认为胶卷时代会永远存在，而数码时代将是个过渡时代，这种说法真的成立吗？目前看来，形势对柯达极为不利。如果不加变革，柯达将会像旧照片一样走向末路。寻求合作伙伴，采取重组、并购或是联盟的形式，是柯达求得继续生存下去的机会了。

3 总结

3.1 走出柯达困境

柯达胶卷曾是全球最成功的胶卷之一。1883 年，柯达公司的创始人伊士曼发明胶卷，1888 年第一部柯达照相机上市，开启大众摄影新时代，其成功神话延续百余年。到 1981 年，柯达公司的销售额就已经冲破 100 亿美元。

不同于有些公司的失败是源自没有持续研究开发、没有新产品投入市场。柯达公司光在数字和胶片成像及信息技术方面拥有 1 100 多项专利，属于持续继续研究与开发的公司，公司旗下的柯达实验室还经常发明一些重要新的技术和产品。例如，1975 年，柯达实验室研发出了全球首台数码相机，1991 年推出基于尼康技术的首款数码单反 DCS100，几年后又推出首款傻瓜（Pointand-Shot）数码相机。柯达是数码影像的发明者。但是为何柯达没有成为数码影像的行业巨头呢？

答案是因为(当时的)管理层没有远见、做了错误的战略决策。换个角度说,是公司没有及时转型。如果用"成也胶片、败也胶片"来评论柯达公司,是十分恰当的。

因为,柯达曾是胶片行业的市场领先者,柯达鼎盛之时,第二名富士也只能望其项背。胶片带给柯达巨额的收入和利润的同时,带给公司和公司高管荣耀与光环。虽然柯达公司当时开发出了全球首台数码相机,但是柯达高层对数码影像技术存在两方面的顾虑:一方面担心数码影像会蚕食胶片市场,冲击公司的巨额利润——胶片市场作为现金牛贡献的利润,相当于 easymoney、快钱,而数码产品的市场未来能占据多少还有很多不确定性。这里涉及确定性与不确定的比较和预估。另一方面对数字化时代预期很不充分,始终认为打印照片是人们的首选,没有想到如今 90%以上的照片都存在硬盘中、在数码设备上浏览。这里涉及愿景(vision),柯达当时的高层显然没有高瞻远瞩的能力。如果乔布斯也像他们一样,苹果就不会推出最初的苹果电脑、后来的 iMac、iPhone 和 iPad 了。

所以,柯达公司最初决策的实际结果是冷藏数码相机产品,错失了成为数码相机市场领先者的绝佳机会。两军交战,本有地利可占,却弃而不用,哀哉!2000—2003 年,柯达胶片利润下滑了 70%。直到这个时候,柯达公司才意识到数码影像技术是大势所趋,当年柯达宣布停止投资胶片业务,开始试图真正转型,可惜已经晚矣!

虽然柯达在数字传感器技术方面曾占据领先,但他们却始终未能将创新转化为市场份额和销售收入。柯达的数码相机也曾在美国占据一定市场份额,但由于技术更新缓慢,始终在追赶佳能、尼康、索尼等日本数码相机厂商的过程中,销售乏力。

简言之,错误的管理决策首先让柯达错失了成为数码相机市场领先者的绝佳机会,接着在数码时代柯达将自己在全球影像市场的市场份额逐步拱手让给竞争对手,然后由于收入和利润的下降又导致后期研发投入减少,新产品进展缓慢。本来柯达在 CCD 色彩成像技术上仍有优势,但始终未能有效解决高感问题,后来数码相机越来越多采用 CMOS 传感器,柯达仅有的优势也不存在了。最终一败涂地,数码技术的创造者柯达却被数码时代所率先抛弃,这是最大的讽刺。

重大的战略失误,柯达在较短时间内葬送百年老店。柯达案例为我们提供以下教训:

首先,时代的车轮不会等待任何人,如果不大踏步地跟上她的脚步,就注定会被无情地抛在身后。当摄影技术从“胶卷时代”大踏步进入“数字时代”之时，柯达表现得犹豫、踌躇、迟钝，而对手却已经开始狂奔。而到了苹果等高端智能手机登上舞台的时候，柯达早已脆弱得不堪一击。

其次，创新固然重要，但如果不能将创新的技术转化为可持续的商业模式，也很难在激烈的竞争中存活。柯达拥有一系列高价值的数字技术专利，在 2008 年到 2011 年间，柯达靠出售部分专利许可权和打专利官司收入 19 亿美元，是个十足的专利巨人。但尽管它是数码相机技术的鼻祖，并在过去的 10 年间陆续推出了一些创新数字技术产品，但却始终没有寻找到新的盈利增长点。

最后，企业发展的战略定位和发展方向至关重要。柯达公司本应紧紧围绕自己优势的影像行业创新发展，但它却放弃优势，搞化学制品、药检设备、打印机行业等。一再失误，以至沦落到濒临破产的田地。所谓“相关产业”并非真的那么“相关”，贸然进入一个全新的领域在更多时候不是个好主意。而即便是柯达目前所极力推崇的数码业务转型，也面临内忧外患。内部缺乏核心技术，外部面临激烈竞争，富士、索尼、惠普、佳能、爱普生等国际大公司在数字相机、可拍照手机、数字冲印、数字打印机等各个细分市场均对柯达构成致命威胁。

3.2 柯达败退的“中国启示”

在创新世界中，不进则退，慢进也退。柯达“巨人”倒塌的教训，也给正在积极探索转型创新之路的中国企业提供了更多的、更具体的启示和反思。

首先，创新没有近路，更没有退路。“中国制造”举世闻名，但随着中国“人口红利”逐渐减少，中国的经济发展将更多依靠创新，一味依赖模仿、“山寨”的企业将难以为继。我国多年前就已确定了科技发展目标，即 2020 年建成创新型国家，使科技发展成为经济社会发展的有力支撑。但现实中仍有诸多因素制约了企业创新。首先，中国正在高速发展之中，快速获利机会并不鲜见，由此容易催生急功近利的心态，这种心态对创新非常不利。其次，中国在知识产权保护方面尚有缺憾，创新成果在市场竞争中面临不少挑战。最后，以劳动替代技术现象依旧明显，企业创新动力不足。而且，目光短浅，急功近利，不深耕主业，埋头“不务正业”，也是目前一些国内企业的“软肋”。很多做实业的人都想去做虚拟经济，从数据上就可以看出来，好多有资金、有实力的企业不愿意做实体经济。

早在 20 世纪初，经济学家就指出，创新是经济发展的源泉。柯达等诸多老牌企业的颓势，也从反面证明了创新的必要性和迫切性。必须看到，即使柯达当前面临困境，其依然还拥有着百年积累的 1 100 多项专利，相比之下，蹒跚学步的中国企业的技术能力和创新基础差距可能更大，要走得艰难险途也更多。

未来中国企业面对的是全球竞争者，必须时刻保持危机感和创新意识。柯达等大牌企业今天的尴尬，更应该警示中国创新企业，创新没有近路，更没有退路。创新的关键点又有以下三点：①创新需要领导带头。②创造企业创新的环境，建立企业的创新机制。③打造企业创新文化。

其次，着力唤醒"中国品牌"意识。中国已成为世界第二大经济体、第一大出口国，"中国制造"遍布全球，相比之下，"中国品牌"在世界上的影响力却远没有与其同步。当前，中国正处于经济和社会转型的关键期，要变"中国制造"为"中国创造"，树立起"中国品牌"在全球的形象和地位尤为重要。中国人需要奋起唤醒"中国品牌"，迎难而上，走自主创新之路，为中国自主品牌屹立于世界民族工业之林而奋斗。

"中国制造"已遍布世界，但是，在外国人眼中的"中国制造"几乎是廉价商品的代名词，一个很重要的原因就是中国自主品牌在自主创新领域还做得不够。因为缺乏创新，中国企业在国际贸易中只能处于价值链的低端。没有创新就没有出路，尤其是没有具有核心技术的自主品牌，"中国制造"只能是"水月镜花"，只能是为他人作嫁衣。贴牌生产、低成本、低附加值的产品，缺乏品牌意识和知识产权保护，使中国企业长期处于产业链的下游，企业产品利润低，产品附加值无法提高。一个大国的发展，决不能仅仅依靠不需要专利技术、投资小、成本低的产业结构，必须要提升关键行业和关键性企业的创新能力，形成一批具有核心竞争力的民族品牌。首先，中国企业要坚持自主创新和品牌战略，积极寻求核心技术研发的突破；其次，立足国内市场，牢牢抓住中国当前城镇化进程中不断开拓新兴市场的机遇，同时积极进军国内高端市场；最后，做到未雨绸缪，提高风险意识，努力实现"弯道超越"。

案例使用说明

一、教学目的与用途

教学目标在于加深学生对公司战略规划、战略定位、商业模式等相关理论、知识的理解。同时通过深度挖掘柯达破产危机的原因，解析企业改革及转型过程中的诸多注意事项，突出危机感和创新意识的重要性，为谋求发展、力求突破的中国企业提供借鉴。

二、启发思考题

1. 导致柯达失败乃至破产保护的深层次原因是什么？对中国企业有什么警示作用？

2. 柯达转型慢了的真实原因是什么？是否是大企业惯性思维，不愿舍弃唾手可得的利益，影响了创新与改革的脚步？

3. 柯达多次尝试过改革均未成功，是什么原因？是改革不够彻底，还是内部架构配合不到位，比如各事业部之间各自为政难以形成合力，对新事业部不能形成有效支持等？还是战略判断本身就有问题？

4. 柯达多次尝试转型均以失败告终，在目前的严峻形势下，柯达应该怎样有效地实施转型自救？

三、分析思路

1. 导致柯达失败乃至破产保护的深层次原因，主要有如下方面：

(1) 太成功后迷失自我，忽略了危机。胶片时代，柯达依据其独特的竞争力和行业地位设计了冲洗和打印的健全经营体系，成为上个世纪胶片市场的霸主。柯达数码转型的最大障碍或失败是因为它的胶卷太成功了，成为很难改变的东西。沉浸在成功的光环下，柯达迷失了，它没有充分重视数码时代的到来，即便是后来每年投入巨大的数码相机研发费用，但终因机体庞大、效率太低、固执的战略而将市场拱手相让。

(2) 有一种破坏叫创新，创新是双刃剑。任何企业的成败都是不可复制的，什么时候做什么事情，不是每个企业、企业家都能踏准基点，错误的时间干了正确的事或正确的时间干了错误的事都不会成功，做正确的事情比把事情做正确更重要，创新也如是。柯达在需要转型的时间却固执地干起了重复投资，没有把握准趋势，再大的创新注定是失败。

(3) 淡漠市场需求趋势变化，导致产品更新缓慢。只有那些成功转型的公司才能更好地体现差异化竞争，持续创造利润并锁定忠诚的顾客，而基于产品创新和顾客需求的企业经营转型才是柯达迫在眉睫的事情。

2. 柯达转型缓慢的真实原因是市场，市场才是本质。柯达在最辉煌的2003年还投巨资在中国建起了8 000多家胶卷彩扩点，但在云时代、物联网时代到来的今天，回头看当时柯达固执的经营投资和市场战略才是其遭遇灭顶之灾的根本原因。而错误的投资、错误的市场趋势预知并没有让柯达清醒，最终亦步亦趋地滑入连续亏损的边缘。大企业的傲慢，大象笨重的机制，无法舍弃过去成功的光环和羽毛，对于迫切需要改革和创新的柯达来说，都早已是耳旁风。

正如柯达的广告语："你只要按下按钮，其余的都交给我们!"而今按下按钮的人越来越多，但交给柯达的事情却越来越少。柯达疏忽了消费者拍摄图片的存储习惯和用途变化，一时的创新，却被持续的创新"干掉"，这也是柯达走到今天的必然。

3. 柯达的改革，不是不够彻底，是根本无从下手，或者说是自己根本下不了手；战略错了，再多的投资和努力都是南辕北辙。战略判断的失误也导致各事业部、各部门之间不知所从，沦落到今天靠专利诉讼维持现金流和虚荣，这是惨痛的教训。走马观花式的人事更迭并不能真正将柯达从死亡的边缘上拽回来，如果不清晰自己的战略，不放弃过去的成功光环，不试图以产品和文化讨好、参悟市场的真谛，即便是现在重组或者破产保护，都无法从根本上拯救柯达。金融危机、实体经济危机早在2008年就给了柯达转型、求变、断臂求生的机会，而在危机时作出裁员、重组、转型的决定时往往容易甩脱臃肿，走向涅槃。

还有，柯达的问题出在高层，决策层的执迷不悟甚至傲慢自负也是导致内部改革不畅、推行不力的主要因素。

4. 1997年的转型失败是因亚洲金融危机后，柯达失去了抓住数码时代来临的机遇；2001年的转型不畅是因为柯达沉浸在互联网泡沫破灭的侥幸中，没有把握市场需求变化；2006年也是，在奠定中国市场的胶片霸主地位后，柯达继续错误地低估了尼康、佳能等竞争对手，也低估了市场形势的发展和变化，在延长胶卷生命周期、继续垄断赚取丰厚利润的异想天开中丧失了机会。

具有131年历史的柯达，其技术、品质都值得尊敬，作为一个技术驱动型的公司，柯达理应不断创新、持续校正前进步伐中的错误，但正是这样的个性或者说文化，使得柯达一次次错过调整、转型机遇，一次次作茧自缚，终至今天的步履蹒跚、维艰。

对于柯达，时下最好的拯救，首先，是剥离或出售不相关的业务单元、产品，依据产品分类设立事业部，而不是一锅烩；其次，要善于断臂求生，去除光环，围绕市场变化而为；再次，善待产业链、价值链，善于与巨头价值合作，以技术体现差异化，以品牌塑造差异化，而非抱残守缺、固执己见；最后，就是放慢脚步，善待创新，慎重扩张和投资。